长江文明之旅
建筑神韵篇

科技部推荐优秀科普图书

文庙书院

总顾问 冯天瑜 钮新强
总主编 刘玉堂 王玉德

邓爱民 桂橙林 编著

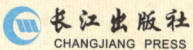

上海科学技术文献出版社
Shanghai Scientific and Technological Literature Press

长江出版社
CHANGJIANG PRESS

长江文明馆献辞
（代序一）

冯天瑜

> 无边落木萧萧下，
> 不尽长江滚滚来。
> ——杜甫《登高》

　　江河提供人类生活及生产不可或缺的淡水，并造就深入陆地的水路交通线，江河流域得以成为人类文明的发祥地、现代文明繁衍畅达的处所。因此，兼收自然地理、经济地理、人文地理旨趣的流域文明研究经久不衰。尼罗河、幼发拉底—底格里斯河、印度河、恒河、莱茵河、多瑙河、伏尔加河、亚马孙河、密西西比河、黄河、珠江等河流文明，竞相引起世人关注，而作为中国"母亲河"之一的长江，更以丰饶的自然秉赋、悠远深邃的文化积淀、广阔无垠的发展前景，理所当然成为江河文明研究的翘楚。历史呼唤、现实诉求，长江文明馆应运而生。她以"长江之歌 文明之旅"为主题，以水孕育人类、人类创造文明、文明融于生态为主线，紧紧围绕"走进长江"、"感知文明"和"最长江"三大核心板块，利用现代多媒体等手段，全方位展现长江流域的旖旎风光、悠久历史和璀璨文明。

　　干流长度居亚洲第一、世界第三的长江，地处亚热带北沿，人类文明发生线——北纬30°线横贯流域。而此纬线通过的几大人类古文明区（印度河流域、两河流域、尼罗河流域等）因副热带高压控制，多是气候干热的沙漠地带，作为文明发展基石的农业仰赖江河灌溉，故有"埃及是尼罗河赠礼"之说。然而，长江得大自然眷顾，亚洲大陆中部崛起的青藏高原和横断山脉阻挡来自太平洋季风的水汽，凝集为巫山云雨，致使这里水热资源丰富，最适宜人类生存发展，是中国乃至世界自然禀赋优越、经济文化潜能巨大的地域。

　　长江流域的优胜处可归结为"水"—"通"—"中"三字。

冯天瑜

一、淡水富集

长江干流、支流纵横，水量充沛，湖泊星罗棋布，湿地广大，是地球上少有的亚热带淡水富集区，其流域蕴蓄着中国35%的淡水资源、48%的可开发水电资源。如果说石油是20世纪列国依靠的战略物资，那么，21世纪随着核能及非矿物能源（水能、风能、太阳能等）的广为开发，石油的重要性呈缓降之势，而淡水作为关乎生命存亡而又不可替代的资源，其地位进一步提升。当下的共识是：水与空气并列，是人类须臾不可缺的"第一资源"。长江的淡水优势，自古已然，于今为烈，仅以南水北调工程为例，即可见长江之水的战略意义。保护水生态、利用水资源、做好水文章，乃长江文明的一个绝大题目。

二、水运通衢

在水陆空三种运输系统中，水运成本最为低廉且载量巨大。而长江的水运交通发达，其干支流通航里程达6.5万千米，占全国内河通航里程的52.5%，是连接中国东中西部的"黄金水道"，其干线航道年货运量已逾十亿吨，超过以水运发达著称的莱茵河和密西西比河，稳居世界第一位。长江中游的武汉古称"九省通衢"，即是依凭横贯东西的长江干流和南来之湖湘、北来之汉水、东来之鄱赣造就的航运网，成为川、黔、陕、豫、鄂、湘、赣、皖、苏等省份的物流中心，当代更雄风振起，营造水陆空几纵几横交通枢纽和现代信息汇集区。

三、文明中心

如果说中国的自然地理中心在黄河上中游，那么经济地理、人口地理中心则在长江流域。以武汉为圆心、1000千米为半径画一圆圈，中国主要大都会及经济文化繁荣区皆在圆周近侧。居中可南北呼应、东西贯通、引领全局，近年遂有"长江经济带"发展战略的应运而兴。长江经济带覆盖中国11个省（市），包括长三角的江浙沪3省（市）、中部4省和西南4省（市）。11省（市）GDP总量超过全国的4成，且发展后劲不

冯天瑜

可限量。

　　回望古史，黄河流域对中华文明的早期发育居功至伟，而长江流域依凭巨大潜力，自晚周骤起直追，巴蜀文化、荆楚文化、吴越文化与北方之齐鲁文化、三晋文化、秦羌文化并耀千秋。龙凤齐舞、国风—离骚对称、孔孟—老庄竞存，共同构建二元耦合的中华文化。中唐以降，经济文化重心南移，长江迎来领跑千年的辉煌。近代以来，面对"数千年未有之大变局"，长江担当起中国工业文明的先导、改革开放的先锋。未来学家列举"21世纪全球十大超级城市"，依次为：印度班加罗尔、中国武汉、土耳其伊斯坦布尔、中国上海、泰国曼谷、美国丹佛、美国亚特兰大、墨西哥昆坎—图卢姆、西班牙马德里、加拿大温哥华。在可预期的全球十大超级城市中，竟有两个（武汉与上海）位于长江流域，足见长江文明世界地位之崇高、发展前景之远大。

　　为着了解这一切，我们步入长江文明馆，这里昭示——

　　一道天造地设的巨流，怎样在东亚大陆绘制兼具壮美柔美的自然风貌；

　　一群勤勉聪慧的先民，怎样筚路蓝缕，以启山林，开创丰厚优雅的人文历史。

　　（作者系长江文明馆名誉馆长、武汉大学人文社科资深教授）

一馆览长江 水利写文明
（代序二）

钮新强

"你从雪山走来，春潮是你的风采；你向东海奔去，惊涛是你的气概……"一首《长江之歌》响彻华夏，唱出中华儿女赞美长江、依恋长江的深厚情感。

深厚的情感根植于对长江的热爱。翻阅长江，她横贯神州6300千米，蕴藏了全国1/3的水资源、3/5的水能资源，流域人口和生产总值均超过全国的40%；她冬寒夏热，四季分明，沿神奇的北纬30°延伸，形成了巨大的动植物基因库，蕴育了发达的农业，鱼儿欢腾粮满仓的盛景处处可现；她有上海、武汉、重庆、成都等国之重镇，现代人类文明聚集地如颗颗明珠撒于长江之滨；她有神奇九寨、长江三峡、神农架等旅游胜地，多少享誉世界的瑰丽美景纳入其中；她令李白、范仲淹、苏轼等无数文人墨客浮想联翩，写下无数赞美的词赋，留下千古诗情。

长江两岸中华儿女繁衍生息几千年，勤劳、勇敢、智慧，用双手创造了令世人瞩目的巴蜀文明、楚文明及吴越文明。这些文明如浩浩荡荡的长江之水，生生不息，成为中华文明重要组成部分。

人类认识和开发利用长江的历史，就是一部兴利除弊的发展史，也是长江文明得以丰富与传承的重要基石。据史料记载，自汉代到清代的2100年间，长江平均不到十年就有一次洪水大泛滥，历代的兴衰同水的涨落息息相关。治国先必治水，成为先祖留给我们的古训。

为抵御岷江洪患，李冰父子筑都江堰，工程与自然的和谐统一，成就了千年不朽，成都平原从此"水旱从人、不知饥馑"，天府之国人人神往。

一条京杭大运河，让两岸世世代代的子孙受惠千年。今天，部分河段化身为南水北调东线调水的主要通道，再添新活力，大运河成为连接古今的南北大命脉。

新中国成立以后，百废待兴，党和政府把治水作为治国之大计，长江的治理开发迎来崭新的时代。万里长江，险在荆

钮新强

江。1953年完建的荆江分洪工程三次开闸分洪，抗击1954年大洪水，确保了荆江大堤及两岸人民安全。面对'54洪魔带来的巨大创伤，长江水利人开启长江流域综合规划，与时俱进，历经3轮大编绘，使之成为指导长江治理开发的纲领性文件。

"南方水多，北方水少，能不能从南方借点水给北方？"毛泽东半个多世纪前的伟大构想，是一个多么漫长的期盼与等待呀。南水北调的蓝图，在几代长江水利人无悔选择、默默坚守、创新创造中终于梦想成真，清澈甘甜的长江水在"人造天河"里欢悦北去，源源不断地流向广袤、干渴的华北平原，流向首都北京，流向无数北方人的灵魂里。

新中国成立以来，从长江水利人手中，长江流域诞生了新中国第一座大型水利工程——丹江口水利枢纽工程、万里长江第一坝——葛洲坝工程、世界最大的水利枢纽——三峡工程。与此同时，沉睡万年的大小江河也被一条条唤醒，以清江水布垭、隔河岩等为代表的水利工程星罗棋布，嵌珠镶玉。这是多么艰巨而充满挑战、闪烁智慧的治水历程！也只有在这条巨川之上，才能演绎出如此壮阔的治水奇观，孕育出如此辉煌的水利文明，为古老的长江文明注入新的动力！

当前，长江经济带战略、京津冀协同发展战略及一带一路建设正加推提速，长江因其特殊的地理位置与优质的资源禀赋与三大战略（建设）息息相关，长江流域能否健康发展关系着三大战略（建设）的成败。因此，长江承载的不仅是流域内的百姓富强梦，更是中华民族的伟大复兴梦。长江无愧于中华民族母亲河的称号，她的未来价值无限，魅力永恒。

武汉把长江文明馆落户于第十届园博会园区的核心区，塑造成为园博会的文化制高点和园博园的精神内核，这寄托着武汉对长江的无比敬重与无限珍爱。可以想象，长江文明馆开放之时，来自五湖四海的人们定将发出无比的惊叹：一座长江文明馆，半部中国文明史。

（作者系长江文明馆名誉馆长，中国工程院院士、长江勘测规划设计研究院院长）

目 录

圣泽流长 / 1
历史沿革 / 2
文庙祀典 / 9
建筑形制 / 13
现存撷英 / 16
湖北文庙 / 19

存续千年 / 25
别具一格说特色 / 27
璀璨夺目添异彩 / 30
长江流域出才俊 / 46

开创新篇 / 49
官方书院的开端 / 50
民间书院的出现 / 52
江南最初的书院 / 55
五代十国的书院 / 59

初具规模 / 61
四大书院说 / 62
三次兴学 / 68
范仲淹与"宋初三先生" / 75
濂溪先生周敦颐 / 79
二程理学 / 83

空前辉煌 / 89
理学与南宋书院 / 90
书院制度的确立 / 93

南宋著名书院 / 96
东南三贤与书院 / 101
陆九渊与心学 / 108

顺势而为 / 111
遗民书院讲学 / 112
元代书院政策 / 114
书院推广与官学化 / 116
元代书院的拓展 / 118
南吴北许 / 120

一波三折 / 123
沉寂与辉煌 / 124
书院新动向 / 126
心学王阳明 / 128
书院四次禁毁 / 130
天下东林书院 / 132

日渐黄昏 / 135
官办书院，辉煌鼎盛 / 136
人累科举，另类书院 / 139
西学东渐，教会书院 / 142
书院改制，千年终结 / 145

文明传承 / 149
同根同源 / 150
文庙书院合一 / 153

主要参考文献 / 155

后记 / 157

圣泽流长

到清代为止,中国历史上共建有1560多座文庙,它们分布在祖国各地,构成了中国文庙群体。其数量之多、分布之广、规模之大、标准之高、建筑技术与艺术之精美,在我国古代建筑类型中堪称是最为突出的一种,是我国古代文化遗产中极其重要的组成部分。

文庙，是纪念和祭祀我国伟大思想家、政治家、教育家孔子的祠庙建筑，是中国近两千年尊崇儒学、推行礼教的实物见证，在历代王朝更迭中又被称作文庙、夫子庙、至圣庙、先师庙、先圣庙、文宣王庙，尤以"文庙"之名更为普遍。文庙是"文宣王庙"之意。唐开元二十七年（公元739年），唐玄宗追谥孔子为"文宣王"。宋大中祥符五年（公元1012年），孔子被加封为"至圣文宣王"。元至大元年（公元1308年）加封孔子为"大成至圣文宣王"。故从公元739年以来中国有一些孔庙的固定称谓叫作"文庙"。如江苏的苏州文庙、江阴文庙、上海南市区的上海文庙、上海嘉定的嘉定文庙等都是历史上的正式称谓，一直保留至今。

在中国两千多年的文化融合中，它已成了中华多民族文化的象征。一般说来，由于孔子创立的儒家思想对于维护社会统治安定所起到的重要作用，历史上无论何种民族建国建朝都奉儒学为正宗，孔子为圣人，从而把修庙祀孔作为国家大事来办，甚至每一州、府、县治所所在地都有文庙。像历史上的北朝各国（北齐、北魏、北周）、西夏国、辽国、元朝和清朝等少数民族建立的国家都极力推崇儒学，兴建文庙。到清代为止，中国历史上共建有1560多座文庙，它们分布在祖国各地，构成了中国文庙群体。其数量之多、分布之广、规模之大、标准之高、建筑技术与艺术之精美，在我国古代建筑类型中堪称是最为突出的一种，是我国古代文化遗产中极其重要的组成部分。

历史沿革

曲阜孔庙是其他各地文庙的本源，也是天下文教的本源，它位于山东省曲阜市旧城中心地段，是历代祭孔之地，它最初是孔子生前的住宅改为祠庙，以后随着儒学地位的提高，孔子日益受到历代统治阶级的尊崇，孔庙的规模和标准也逐步得到扩大和提高。明清时期，曲阜孔庙已经发展成为九进院落的大型宫殿式建筑群。

曲阜孔庙在发展的同时，在封建帝王倡导之下，全国各地也开始修建孔庙，并逐步普及，它们的形制都以曲阜孔庙为依据，是儒家思想源远流长的实物体现。曲阜孔庙的功能是祭祀孔子，这是对孔子家庙而言，其他各地的孔庙除了祭祀孔子外，又具有推广礼教、传播儒学的作用。另外，各地孔庙和当地地方官办学校同步发展。

> 根据文庙性质或类别可以将其分为三种类型。一是孔氏家庙，二是国庙，三是学庙。

作为国庙性质的孔庙，全国只有曲阜孔庙和北京孔庙，它们与文教没有关系，是专为封建帝王、地方官员祭祀孔子的专用庙宇。曲阜孔庙是中国面积最大、等级最高的孔庙。北京孔庙是专为清代帝王祭孔的专用庙宇。在古代中国，作为国庙性质的孔庙是国家的一种精神象征。

「北京孔庙」

至于家庙，顾名思义就是孔氏家族内部的庙宇，确切地说，是孔子后裔为祭祀孔子、孔子之长子、长孙的宗庙，纯属孔氏族人内部之事。家庙重在"家"字，历史上中国有两座孔氏家庙。

最早的孔氏家庙，就是现在称之为国庙的曲阜孔庙。孔子死后第二年由他的弟子将其居住的三间小屋改造成庙堂，由孔氏族人供奉着，其间经历了283年的家庙历史。公元前195年汉高祖亲临曲阜孔庙祭孔后，家庙逐渐向国庙过渡。随着统治者重视，进一步确立了孔庙为国庙的地位。

而另外一座家庙就是宋室南渡后，在长江流域衢州建立的孔氏南宗家庙。北宋末年，金兵入主中原，公元1127年，赵构在今河南商丘即位，号高宗。孔子第48代孙袭封衍圣公孔端友和其叔父孔传等携曲阜孔庙珍藏的吴道子所绘孔子像和子贡手摹的孔子夫妇楷木像，跟随朝廷南渡，避难于浙江衢州，建立了家庙。

家庙的中轴线和东轴线依先后顺序为大照壁，跨街牌坊。主要建筑有三门：庙门、大成门、启圣门。一殿：大成殿。一阁：思鲁阁。五祠：启

「孔氏先宗」

圣祠，袭封祠，六代公爵祠（孔端友、孔玠、孔搢、孔文远、孔万春、孔洙），恩官祠，圣泽同长祠。西轴线上的五经博士署规模较小，有孔圣先宗门、翰林公署、尼山嫡派、圣泽楼和咏春亭。清道光时期又进行了大规模的增修，从而确立了现存家庙建筑的基本格局。

作为家庙性质的衢州孔庙，它虽然保留了曲阜孔庙及全国各地孔庙里的共性建筑，如棂星门、大成门、大成殿、崇圣祠等。但是它独特的建筑文化特色却在全国孔庙中很少见。如思鲁阁，表达了孔子嫡传后裔南迁后对家乡曲阜孔庙、家庙的思念之情。这是一座两层建筑，阁上供奉孔子夫妇楷木像，阁下竖孔子造像碑，以祠祀孔子；五支祠祀孔氏南宗仁、义、礼、智、信五房支祖；六代公爵祠，祠祀南渡祖孔端友至孔洙的六代衍圣公；袭封祠，祠祀自明代的孔彦绳至清末的孔庆仪等十五代翰林院五经博士；圣泽楼，安放皇帝和官方给孔子嫡裔的文墨和赠品；功祠，祠祀历代对衢州孔氏家庙建设有功的官员。

衢州孔氏南宗家庙，祭祀对象是孔氏祖先，突出一个"家"字。大成殿以孔子为正位，儿子孔鲤、孙子孔伋为配位，配位全是直系血亲，与曲阜孔庙及全国各地文庙大成殿内的四配（除宗圣孔伋外）、十哲或十二哲有着根本的不同。南宗家庙的东房祠祀中兴祖孔仁玉和孔传。西房祠祀南渡主孔端友。这种祭祀在全国文庙中是唯一的。

「大成殿」

学庙则是我们本书所要重点突出的，且以长江流域为重点进行阐述。学庙或称庙学，在古代中国就是以办学为宗旨的将学习儒家经典的学校与祭祀孔子的礼制性庙宇相结合的国家行政教育场所和祭孔场所。它由政府教育行政主管部门直接管理。学庙重在"学"字。除作为国庙的曲阜孔庙、北京孔庙和现曲阜孔府内家庙、衢州家庙这四座孔庙外,中国其他的孔庙都属于学庙性质,包括历朝历代的京师太学或国子监。

> 作为学庙的孔庙,它是一座古代儒学教育的殿堂。中国古代的正统官学是儒学。儒学是古代中国社会长治久安的支柱。具体表现为三大支柱:一是朝廷的治国理论;二是学而优则仕的科举制;三是中央到地方的各级文庙学宫。三者互为联系,互为因果。具体来说,学庙包括都城孔庙、地方文庙和书院文庙。

都城孔庙是指建立在都城的国家最高级学校——国学(太学或国子监)中的孔庙。从汉代开始,在太学之中兴建孔庙,经过长期发展,逐渐形成各个朝代的都城孔庙和国学建筑,保存至今的有北京国子监和孔庙。在长江流域的都城孔庙主要有东晋时期建于秦淮河之南的太学孔庙,还有金兵南侵后,宋高宗迁都临安所建的国子监,并在太学西部设有孔庙,形成左学右庙,以右为上的格局。长江流域南宋时期所建的地方官学文庙,其平面布局也以左学右庙为主,大概是受都城临安孔庙布局的影响。明代定都南京后,在皇城西创建太学,左庙右学,孔庙在太学东部,大成殿初为三间,洪武末年,增为五间。

地方文庙是各朝代按照地方行政区划建设的孔庙和学宫,是中国封建社会的地方官学。地方文庙一般位于各地的府、州、县城中,其建筑规模和标准在当地都是很高的,各地的地方志中绝大多数都有关于文庙的记载,并附有学宫图。由此可知,地方文庙在中国建筑史和教育史上都占有很重要的地位,经过1300多年的发展,各地逐渐形成了具有鲜明地方风格的文庙建筑群。

地方文庙创始于唐代,迅速发展于宋代和元代,全面普及和定型于明清两代,书院的发展历史也有相同之处。具体说来,文庙的发展可以分为三个阶段。

初创阶段为汉代至五代。汉景帝末年,蜀郡太守文翁,重视教化,在成都建立学宫,招下县子弟为学宫弟子,汉武帝对于文翁设学之举甚为赞许，乃下诏，令天下郡国皆立学校官。汉代地方教育实自文翁为始。东汉时期，由于地方官吏多系儒者，对于修缮学宫、提倡兴学比较重视，因而郡国学校得以普遍建立，官学和私学交织发展，形成了"学校如林，庠序盈门"的景象。到了魏晋南北朝，长达约400年间，战乱频繁，造成官学或兴或废的状态。两晋时期，地方官学有所倡设。但由于中央屡经改变，大权在地方，地方学校主要是由镇守各地的长官自动开办的。最著名的是征西将军庾亮在武昌兴学的事，他选置学官，立讲舍，规定凡是参佐大将的子弟全都入学学习，他自己的子女也都去接受教育，并批准了他所属的临川、临贺两郡修复学校的请求。

「成都文翁石室」

隋代国家重归统一，隋文帝、隋炀帝都下令设庠序郡县之学，但由于立国较短，也没有形成官学制度。直至唐代，地方官学迅速发展。唐代是中国封建社会盛世时期，教育事业也随之空前发展，特别是唐代前期，贞观、开元年代官学繁盛。

唐高祖于武德二年（公元619年）下诏国学立周公、孔子庙各一所四时致祭，从而在制度上明确规定了庙学合一的定制，在中国教育史上具有里程碑的意义。贞观元年（公元627年），唐太宗诏令"天下学皆立周公、孔子庙"。贞观四年（公元630年），唐太宗又诏令州县于学校中建孔子庙，以左丘明等22人从祀。这一做法开了诸儒从祀孔子的礼制，在中国文庙甚至书院发展史上具有非常重要的意义。唐太宗尊孔子为"先圣"，以颜回为先师，并且停周公祀，在学校内专祀孔子。唐玄宗在加封孔子上超过唐太宗，开元二十七年（公元739年），追谥孔子为"文宣王"，这是历史上孔子第二次被封为王。由于此时孔子是王者地位，祭祀规格上了一个新的台阶，原来在学校内祭祀座次为周公面南，夫子西坐。由于孔子封王，且停周公祀，从此两京国子监，夫子皆面南而坐，十哲等东西列侍。天下诸州也以此为标准。

唐代地方官学的建筑布局是：先圣殿居于学校之中，殿内正中塑孔子像，两旁为十哲人塑像，殿前东西为讲堂和斋舍，殿南有一道门，四周有宫墙。唐代地方官学主要是行礼之处，而非学习的地方，普遍轻学重庙，许多州县有庙无学。现存长江流域建于唐代的文庙有江西萍乡文庙、湖南澧水下游的安乡县文庙、四川乐山文庙和绵州文庙等。此时的文庙大成殿规格大体都不小于庙屋三间，其根据大概是鲁哀公初设曲阜孔庙的礼制有关。

「江西萍乡文庙」

五代时期地方文庙和唐代一样因学设庙，庙在学中。始建于五代的文庙还有一些遗物保存下来，但也经过后代重建。长江流域的如江苏如皋文庙，始建于南唐保大十年（公元952年），后数次迁建，明嘉靖十九年（公元1540年）迁老城东南隅，现仅存大成殿。

发展阶段为宋至元代。宋代地方官学发展迅猛，文庙数量迅速增加，形制开始变化，规模逐步扩大。宋代统治者实施崇儒尚教的基本国策，对以孔子为代表的儒家思想推崇备至，曾有"半部《论语》治天下"的说法。在崇儒重教政策影响下，北宋时期就先后发起过三次兴学运动。在地方官学日益发达的情况下，地方政府纷纷整修文庙，寓学于庙，使各地文庙得到迅速发展。北宋雍熙年间，曲阜孔庙的建筑蓝本《文宣王庙阁》从皇家流传出去，为各地建立文庙提供依据，加快了中国文庙的发展进程。与此同时，文庙和学校的功能更加明确，逐步形成前庙后学的布局。据统计，在我国现存的文庙中，大约有2/3始建于宋代。如四川资中文庙、湖南岳阳文庙、江苏的苏州文庙、南京的夫子庙、江阴文庙都是宋代创建的。其中苏州文庙府学在宋代开创先例，同时也是规模最大的州府级文庙府学，在宋代号称"东南学宫之首"。

这时期由于儒学研究加强了哲理化建设，通过吸收佛、道学派的精华，逐步刷新了传统儒学精神，形成了以"二程"（程颐、程颢）和朱熹为代表的程朱理学。宋代理学教育主要是以书院为传学授徒的，故书院的发展不仅促进了文庙的繁荣，而且也更能使文庙文化体现出对佛道建筑艺术的吸收，尤其是在长江流域体现较为明显。

　　元代对文庙的发展比较重视，地方官学制度比较完备，文庙的建筑形制已经较健全，而且把文庙推广到边疆地区，如云南建水文庙后经扩建，成为云南最大的文庙，规模在全国也名列前茅。元代大德年间，发令大建文庙，在各地文庙中刻碑，把元代大建文庙的指令都刻在石碑上。今天我们在各地所看到的文庙，大部分是在元代的基址上修建的。

「建水文庙」

　　鼎盛阶段为明代至清代。明清时期只要是国家设立的县以上行政区域均设有文庙。明代是我国文庙大发展的时期。明洪武年间，朱元璋曾就孔庙、城隍庙等下了一系列的诏令，并下令大规模修复曲阜孔庙，各地纷纷效仿，在这一时期，修建、重建、迁建了许多文庙。随着管办学校的迅速普及发展，到了明代中后期已基本定型。文庙也逐步规范化，其建筑形成了独有的建筑群模式。中轴线上坐北朝南一般依次为棂星门、泮池、戟门、大成殿、崇圣祠等主要框架。一般说来，看这些建筑是否完备，是确定文庙建筑是否完整的主要标志。据统计，明代全国各级文庙总数达1500多所。

　　在清代，文庙格局承袭明制，在修葺或重修文庙时，规格有所扩大。顺治、康熙、乾隆年间修建了许多文庙。在清代，祭孔的规格越来越高。据统计，清代除了顺治皇帝以外，自康熙皇帝始至末代宣统皇帝止，每次皇帝登基前都要到国子监辟雍讲学一次，然后还要在孔庙大成殿内题字。光绪三十二年（1906年）光绪帝下诏升孔子之祭为大祭，祭孔规格被推到了历史的最高峰。

　　书院文庙是兴建于书院中的文庙，它不像地方官学文庙那样具有一定的庙制。而是根据规模和性质而定，比较小的书院只建一座礼殿祭祀孔子；官办的大型书院，如宋代四大书院内的文庙与同时期的地方文庙发展同步，有一定的形制和规模。

圣泽流长

长江流域自古物产丰富，钟灵毓秀，人文彬盛，文化底蕴深厚，加上唐宋以来，长期社会安定，经济繁盛，教育发达，为人才培养提供良好的条件。长江流域文庙大多具有创立时间早、延续时间长、现存较完好等特点。宋代开始，长江流域文庙开始逐步领先于全国其他地区，临安作为南宋都城，金陵作为明初都城，在文庙建筑发展过程中起到关键示范作用，而后基本定型。

文庙祀典

作为一种综合性的国家祭祀仪式，文庙祀典包含了多个子系统，主要有文庙建筑制度、祭祀制度、配从制度、附祭制度等。这些制度由朝廷统一颁布并在全国文庙实施。礼仪制度是历史文化的遗留，其仪文节度的繁复，表达了制度设计者对某种信仰的尊崇和对某种价值观的鼓励。文庙祀典的不断发展与完备正昭示了传统社会对儒家文化的认同与推崇。

> 文庙供奉着孔子及历朝历代的儒家圣贤，是举行祭孔大典的场所。在中国2000多年的传统社会里，文庙的功能已经远远超出了纪念性建筑的含义，成为多民族文化的象征。文庙的存在，体现了儒学在中国传统文化中的主流地位。

孔子是文庙祀典的主要祭祀对象，祭祀过程中的礼制大多都是围绕他而建立的，包括历代帝王对孔子的封谥、文庙的像设、服饰等诸多方面。

历代帝王在祭祀孔子的同时，也不断对孔子追谥加封。总的来说，这种封谥有两种倾向。一是侧重于提升孔子的政治地位，主要表现为各种王号，如文宣王、至圣文宣王等。另外一种封号则是侧重于表彰孔子及其思想的教化作用，大多称其为至圣先师、大成至圣文宣先师等。从时间上看，这两种倾向有一个明显的分界点，即明朝嘉靖九年（公元1530年）的祀典改革。此次改革之前，孔子的封号大多为王，而且等级日益高涨，改革后则主要以先师称之。对此，我们不能简单地认为嘉靖改革导致了孔子地位的下降。实际上，到了专制统治后期，孔子的地位反而越发尊贵。所以，我们应当从传统社会发展的过程以及当时的政治、文化背景上来看待孔子封号的这种变化。

　　文庙中孔子的像设有平面和立体之分。平面像设主要是指孔子的画像或壁画。汉代之时，文庙像设基本以绘画为主。立体像设主要是指塑像。文庙之中使用塑像始见于魏晋六朝，最终形成于唐宋。究其原因，佛教的传入和流行值得重视。可以说"塑像之设，自古无之，至佛教入中国始有也。三代以前祀神皆以主，无有所谓像设也"。佛教古时又被称为"像教"，可见其对像设的重视程度。汉魏以后，佛教传入并渐趋流行。士人深受影响，于是纷纷效尤，文庙中孔子的像设也逐渐由图画于庙壁之上改为设立塑像。到了明朝，文庙出现了像设与木主之争。明洪武四年（公元1371年），宋濂上疏建议使用木主，太祖朱元璋对此不以为然。但有趣的是，洪武十五年（公元1382年）落成的南京国子监却采用了宋濂的建议，用木主而不用塑像。明世宗嘉靖年间，文庙礼制发生重大变化，除曲阜孔庙外，其他各地文庙一律撤除塑像改为木主。清代则继承了这一制度，文庙祭祀大多设木主。

　　服饰是古代祭祀礼制的重要内容，不仅任职官员按照等级使用不同的服饰，国家礼制庙宇中祭祀的人物也要按照爵位、品级使用相应的服饰。由于缺乏相关的记载，唐代以前孔子的像设身着何种服饰已很难考证。唐初，孔子用司寇冠冕。开元年间孔子被封为文宣王，文庙中孔子像即改为王者冕服。五代时使用上公之服，宋朝沿用，大中祥符二年（公元1009年），朝廷下令加孔子像"以冕九旒，服九章，从上公之制"。北宋崇宁三年（公元1104年），依照国子司业蒋静的建议，朝廷将孔子像的服饰改为冕十二旒，服十二章，执镇圭，用天子礼服。此后历代皆沿用，成为定制。

　　通过文庙祭祀礼仪的制定，专制王权对孔子儒学的认同和推崇得到体现。文庙祀典祭祀仪式的核心是三献礼。所谓三献，是指古代祭祀时献酒三次，包括初献爵、亚献爵、终献爵。最迟到北齐时，祭祀孔子已经开始采用这种形式。"后齐将讲于天子，先定经于孔父庙……讲毕，以一太牢释奠孔父，配以颜回，列轩悬乐，六佾舞。行三献礼毕，皇帝服通天冠、绛纱袍，升阼，即坐。"唐代制定了以三献礼为核心的祭孔仪式，同时用于皇太子释奠于孔宣父和国子释奠于孔宣父。此后，历代都曾制定了专门用于文庙祀典的仪式。文庙祀典的祭祀礼仪在唐朝时就已基本定型，后世虽然有所改变，但基本内容变化不大。

以音乐、歌舞配合行礼是中国古代祭祀的特色，文庙祀典也不例外。在一些重要的祭祀时刻，如丁祭、幸鲁、临雍释奠等，都会伴有乐舞。作为体现祭祀内容的一种重要形式，文庙祭祀乐舞可以说是对孔子祀典崇重的具体体现。所以，各朝代都十分重视，其内容和形式，包括乐器、曲调、歌词、舞谱、乐章名称、乐悬、舞列的选择和使用等，均由国家统一编制，个人不得擅自更改。

历代文庙祀典的祭祀乐章名称虽不同，均取嘉名，以昭一代之制，唐朝用"和"，宋朝用"安"，金朝用"宁"，元朝用"安"，明朝用"和"，清朝用"平"，但曲调旋律却变化不大，歌诗内容也以赞颂孔子功德为主，基本保持了六代之乐中韶武二乐的基调。

文庙祀典中，与音乐、歌声相伴的是祭孔舞蹈。舞蹈是一种以肢体动作为主要表现手段的艺术形式。因此，舞蹈艺术表现生活、塑造形象和表达思想感情，全在于舞蹈语言的艺术魅力。祭孔舞蹈以中、和、祗、庸、孝、友等六德为基本的舞蹈语言，通过授、受、辞、让、谦、揖、拜、跪、顿首的舞姿，并配合举、衡、落、拱、呈、开、合、并的舞具动势，按词义而生容，依音乐而动容，将歌诗的内容表达出来，刚劲舒展，典雅高贵，体现出儒家礼乐治道的伦理政治观念。

祭孔舞蹈不仅具有丰富的文化内涵，而且还是古代礼仪规格的重要标志。祭祀孔子的舞蹈，沿用了古代佾舞的形式。佾舞本是一种古代宫廷乐舞，在祭祀天子、公侯、大夫的仪式上演出。按周礼规定，天子用八佾，诸侯用六佾，卿大夫用四佾，士用二佾。佾即乐舞的行列。八佾舞就是指8行8列，共64人；六佾舞是一佾6人，分6行6列，共36人。四佾、二佾则依次类推。可见，佾舞这一形式有很强的等级性，佾舞者的数量实际上代表了受祭者的等级。历史上，祭孔佾舞一般采用六佾的形式。

> 文庙祀典包含礼、乐、歌、舞等多个环节，除主祭孔子外，还要祭祀其他儒家圣贤，这就涉及文庙的从祀制度。从祀制度在文庙祭祀中具体表现为以孔子为主祭对象，孔门弟子及历代大儒作为配祭，并按照国家规定的等级接受祭拜。

文庙从祀制度虽有上古礼制可以借鉴，但作为一种弟子从祀于先师之礼，却又有它自身独特的发展脉络。孔庙从祀制度自东汉以来渐次形成，基本上确立了以颜回为代表的仲尼七十二弟子从祀体系，奠定了文庙从祀制度的初步基础。随后，历朝历代按照与孔子关系的远近和对儒学发展贡献的大小，文庙从祀可分为配享、配祀、从祀三个位阶。配享是祭孔时陪祭的第一等级，共有四位人物，复圣颜回、宗圣曾参、述圣子思和亚圣孟轲，即我们通常所说的"四配"。配祀属于第二等级，包括闵损、冉耕、冉雍、宰予、端木赐、冉求、仲由、言偃、卜商、颛孙师、有若、朱熹十二人，通称"十二哲"。从祀属第三等级，包括先贤、先儒两部分，他们的牌位被供奉在文庙大成殿前的东西两庑内。

「先儒牌位」

总之，由于孔子独特的社会价值和文化地位，适应了中国古代专制社会对文化建设的客观需求，从而成为文化权威的唯一代表。因此，以孔子为核心的文庙建筑、从祀制度、祭祀礼仪、乐舞等制度建设构成了文化权威体系建设的主题内容，对中国古代社会产生了深远影响。由于文庙祀典是一种具有宗教形式的政治礼仪制度，在国家建设中的地位重要，非一般宗教性祭祀所能比拟，同时又是文化权威的载体，于社会民众影响深远，非一般行政制度所能等同。所以，文庙祀典正是因其政治性、社会性、宗教性、文化性等多重特征，成为专制王权、传统社会乃至儒家士大夫们凭借之手段，生存之依据。

建筑形制

建筑，作为重要的社会物质生产及精神文明领域的综合载体，其形成、发展以及技术和艺术上的特色，必受社会思想形态的影响。中国古代建筑之所以在相当长的历史时期内保持并发展其独特风格，与作为正统思想的儒学有密切关联，文庙作为在儒学思想直接影响下产生的建筑类型更是如此。

文庙作为礼制建筑受礼制的规范，具有严格的等级形制，曲阜孔庙是全国各地文庙的本源，地方文庙形制依其而建。曲阜共有孔庙九进院落。地方文庙规模可大可小，分为府、州、县三个等级，其相应的规模和标准也依次有所区别，并按环境地势的变化对其建筑布局有所变更，一般为三进院或五进院，平面规整，以纵轴线为主，横轴线为辅，整个建筑均衡对称、和谐、协调。它具有祭祀和教学两种功能。

地方文庙中庙的部分一般包括万仞宫墙、棂星门、泮池、大成门、大成殿、崇圣祠、名宦祠、先贤祠等建筑，学的部分包括明伦堂、讲堂、学斋、尊经阁、文昌阁等建筑，同时还附属有学舍、仓库、教官宿舍等。

以大成殿院落的祭祀空间为核心和以明伦堂院落的内庭空间为次中心所产生的位置关系，组成了内庙外学、前庙后学、左学右庙、左庙右学等文庙建筑的基本形制，创造了不同的院落空间模式。

各地文庙建筑一般可分为前导、主体、后继三部分。前导部分包括照壁、泮池、棂星门等；主体部分包括大成门、大成殿、两庑以及乡贤、名宦祠等；后继部分主要有崇圣祠及其他附属性建筑。一般前导空

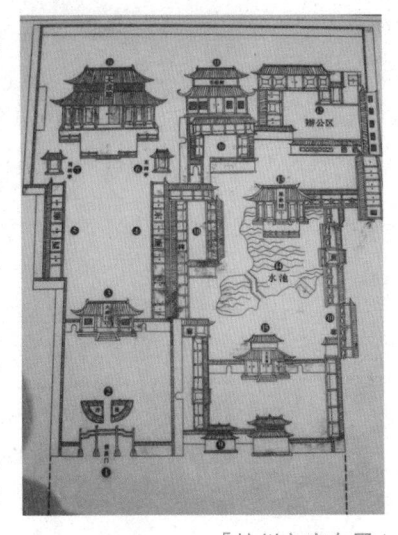

「杭州文庙布局」

「棂星门」

「泮池」

间较空旷建筑物疏松,主体部分建筑物雄伟高大,后继部分离主体部分较近。

地方文庙大多位于闹市之中,设计入口大门时做到藏而不露、闹中取静,采用照壁手法用高大的宫墙将庙掩于其后。棂星门为文庙的正门,意指孔子施行教化、广育英才。棂星门前设一照壁——万仞宫墙,以此比喻孔子的道德学问高深莫测。在棂星门与照壁之间的东、西两旁各立一座牌坊或门楼,棂星门内或外设一半圆形水池,称为"泮池"。泮池与状元桥的设置是文庙祭祀仪礼的重要组成部分,是对周礼诸侯官学制度的附会,以及明代以后科举制度影响的产物,具有鲜明的象征意义,在客观上使比较刻板的建筑空间略显生气。明清时,以泮宫为学宫,考生进文庙拜孔子,新生入学故称入泮,后来这个词语成为明清时入学求功名的代称。入泮即跨上状元桥,穿过泮池就成为通向功名的必经之路。泮池的对称轴一般与文庙纵轴重合,但也有特例。各地的文庙之中都有泮池,因而泮池就成了文庙建筑的主要特征。这就是文庙的前导空间,这部分空间中建筑物高度相对较低,感觉相对空旷,是进入主体部分的准备性空间。

泮池和棂星门之后是文庙的第二道大门——大成门。大成门内就是文庙的主体建筑大成殿。大成殿庭院空间由大成门、东西两庑、大成殿构成一闭合长向廊庑院,称殿庭,是举行祭祀仪礼的重要场所。大成殿用高高的台基托起,凌驾于周围的建筑物之上,表现了孔子的崇高地位。大成殿内正中供孔子坐像,孔子像两旁是颜回、曾参等"四配"和"十二哲"的立像。大成殿是文庙中最主要的建筑,为官式的殿堂建筑,屋面严格按皇室建筑规制黄色琉璃瓦覆盖。因为唐代时孔子被封为文宣王,于是祭祀孔子的建筑也就享受帝王的规格,享受着最高的礼仪待遇。

大成殿之间的东西两侧有长长的厢房——东庑、西庑,庑中供奉着历代先贤、先儒的图像或木主。长长的东西两庑，意味着孔门弟子众多和儒家传统源远流长，建筑形式和内容达到了完美的统一。庭院中多植松柏等借助花木烘托气氛，以树木为仪仗，衬托主殿的尊贵，象征孔子思想永存。

一条贯穿始终与建筑群纵轴重合的御路是各地文庙通用的制度。大成门与文庙的大成殿一般位于整个文庙布局的后半部分，它突出、显著，形成统领其他建筑的威势。

「崇圣祠」

大成殿后建有崇圣祠，用于祭祀孔子的父亲及孔氏五世先祖。这是文庙的后部空间，它一般离大成殿较近，空间相对狭小，在参拜者达到大成殿惊喜之后，这里便是一个短促的结尾。

所以说文庙的空间犹如一首乐曲，有序曲、高潮、尾声三个部分组成。处于中轴线上棂星门、状元桥、大成门犹如剧中的开端、发展、连续而紧凑地把剧情推向高潮，也把观赏者的欣赏情绪推向高峰，接着高潮——大成殿迅速到来，使人惊喜若狂，最后是短促的结局——崇圣祠（启圣殿），令人感慨和思索。

文庙中前导空间、主体空间、后继空间通过对比协调的手法来衬托主体空间的最高地位。前导空间是文庙空间层次最丰富的部分，在大型文庙中尤其如此，这部分空间相对开敞，与城市环境有一定视觉上的交流，以通透的棂星门为主体，其间的建筑元素体量普遍较小，形式相对活泼多样，泮池、状元桥等元素的运用进一步丰富空间景观与层次。尤其是自然元素的引入，如水体、林木等占据主要地位，创造了相对轻松的氛围。主体空间主要通过围合、对比的手法从各个方面突出主殿的地位。无论在规模、体量、等级乃至细部装饰的精细程度都是文庙之最。后继空间强调空间序列收束有力，尤其清代用楼阁作为后殿，在建筑群的处理上，则有重要的陪衬作用，正是由于这些建筑物的陪衬，以精巧挺拔的姿态与大成殿的端庄平稳形成对比，使大成殿处于众星拱北的地位，外观更加深远崇高，庄严巍峨，整个文庙层次也更为丰富，轮廓起伏。

文庙布局通常沿中轴线层层推进,串联各进庭院,各庭院采用对称手法来组织各单体建筑。通过纵轴上各空间不同建筑形态的设置,创造了不同的空间形态与氛围,由相对开敞到半开敞再到封闭,以半开敞的空间收束,形成层次分明的空间序列。这样使文庙的总体建筑空间达到了神圣、庄重、统一、秩序井然、主次分明与整体和谐的意境。这种空间意境恰恰是儒学思想上的中、正、和、序等礼制观念的直接反映,体现了儒家思想对建筑美学的影响。

现存撷英

文庙作为历史显性文化,作为民族的记忆工程,保护它,传承它,具有与保护历史文献同样价值的历史意义、现实意义和未来意义。本节列出长江流域部分文庙,以启迪读者进一步了解关于文庙的知识。

苏州文庙:自古以来都流传着"上有天堂,下有苏杭"的说法,可见苏州的富足和美丽。古苏州作为当时长江流域重要的城市,其经济文化都在全国都排名靠前。唐宋以降的1300多年中,苏州在全国夺得状元的数量、成就首屈一指。据统计,历史上苏州共出了50名全国状元,占整个中国状元比率的1/13,有1500名进士,其中明清两代有34名,位居全国第一,这一现象在全国范围内也是绝无仅有的。可谓石破天惊,文振华夏。其主要功绩首推范仲淹兴学育才,创建苏州文庙府学。

苏州古城区原有三座文庙。一是苏州文庙府学,二是吴县县学文庙,三是长元县学文庙。苏州文庙府学与吴县县学文庙都由范仲淹创建于北宋景祐二年(公元1035年)。吴县县学文庙,原在古城西隅,后迁至宾兴坊,今已不存。长元县学文庙,在万寿宫旧址,建于明嘉靖二十八年(公元1549年),现已毁,原有孔子巨形石雕像一尊,清初被

「苏州文庙」

改作文天祥像，现为苏州文庙。

苏州文庙位于人民路，它是宋代历史上第一个，又是规模最大的地方学府，因为办学有方，一时名闻天下，成为各地州、县学效仿的楷模，在宋代声誉卓著，号称"东南学宫之首"，对元明清三个朝代的地方文庙产生深远影响。历经拓建，到明清两代府学文庙的规模很大，占地面积近两百亩。现有面积仅为当时的1/6，目前保留下来的重要建筑有棂星门、戟门、大成殿、崇圣祠、七星池、明伦堂，现为全国重点文物保护单位。

南京夫子庙：位于南京市秦淮区秦淮河北岸，是中国四大文庙之一。始建于宋代景祐元年（公元1034年），是在东晋学宫旧址的基础上扩建而成的。元代为集庆路学，明代为应天府学。六朝至明清时期，世家大族多聚于夫子庙一带，素有"六朝金粉"之称，为古代中国江南文化枢纽之地。南京夫子庙历史之悠久、古迹之众多、文化之深厚、

「南京夫子庙」

商业之繁荣，为各地所不及，千百年来名扬中外，举世瞩目。其建筑布局为前庙后学，孔庙、学宫与东侧的贡院组成三大文教古建筑群。夫子庙泮池的大照壁位于秦淮河南岸，建于明万历三年（公元1575年），全长110米，气势磅礴，为中国照壁之最。夫子庙凿秦淮河为泮池，是唯一利用天然河道作为泮池的遗例。

南京六合文庙：始建于唐代的六合文庙是省级重点文物单位，规模居全国第五。大成殿、魁星亭、戟门、泮池等一应俱全，是江北地区保存最完整的古代建筑。以文庙为首的万寿宫、清真寺等古建筑群，古韵深厚，是六合重要的文化积淀。

江西赣州文庙：位于赣州市厚往路东段，清乾隆元年（公元1736年），知县张照乘将县学迁于此，因县学又为祭孔之场所，故又称文庙。建筑群整体布局和主要建筑均保存完好，是江西省现存的形制等级最高、规模最大、保存最完整的古代县学校址。

四川资中文庙：位于资中县城北门外，现为四川省文物保护单位。北

「四川资中文庙」

宋雍熙年间始建于县城东街，清道光九年（公元1829年）迁此重建。主体建筑及布局仿山东曲阜孔庙，棂星门、大成门、大成殿排列于南北中轴线上，东西厢房、钟楼、鼓楼、乡贤祠、名宦祠对称分布两侧。资中文庙因其两点而与众不同，第一因其资中人苌弘曾为孔子师，破例雕像以记其事。故资中文庙祀有孔子全身站立石像，为国内仅有。第二因其庙内有全国文庙之中孔子最高、最大、最精致、最奇特的一块牌位，被誉为"中华第一牌位"。

四川德阳文庙：始建于南宋开禧二年（公元1206年），后存建筑为清代道光年间的格局。德阳文庙是中国西部地区保存完整、规模宏大、具有浓郁地方特色的文庙，素有"德阳文庙甲西川"之称。

浙江杭州孔庙：始建于宋高宗绍兴元年（公元1131年），原为南宋临安府学所在地，后至科举制度废除前一直是杭州官学所在地，以其内藏的唐至清代各类碑刻500多块著称，有"碑林"之美誉。

上海嘉定孔庙：始建于南宋嘉定十二年（公元1219年），为县学。元代嘉定升州，为州学。明代嘉定复为县，仍为县学，直至清末废科举。自宋淳祐九年（公元1249年）至清末近700年间，或重修或增建或重建计达70余次，其规模有"吴中第一"之称。

云南建水文庙：建于元朝至元二十二年（公元1285年），至今已有700多年的历史。经历代50多次扩建增修，占地面积已达到7.6万平方米，其现存规模、建筑水平和保存完好程度，都仅次于山东曲阜孔庙和北京孔庙，在全国大型文庙中名列前茅，为全国重点文物保护单位。

「云南建水文庙」

湖北文庙

在多元一体的中华文明中,长江文化无疑同黄河文化一样,是最具代表性和影响力的主体文化。在长达数千年的中华文化发展过程中,它们既相互冲撞、相互对抗,又相互影响、相互渗透、相互补充,是两支平行发展、并驾齐驱的文化系统,成为中华文化发展的基础,使大一统的中华文化呈现出绚丽多姿的色彩,并给周围的海外文化以深远的影响。

长江文化是一种以长江流域特殊的自然地理和人文地理占优势,以生产力发展水平为基础的具有认同性、归趋性的文化体系,是长江流域文化特性和文化集结的总和和集聚。从其生存空间来说,除传统所谓的长江流域包括四川、重庆、湖北、湖南、江西、安徽、江苏、浙江、上海等省(直辖市)外,还应包括云南、贵州、广西、广东、福建等省(自治区),这不仅因为这些地区是长江水系的干流或支流流经区,而且在文化体系上也如出一辙,同属中国南方文化的体系。因此,我们可以说,长江文化是一个时空交织的多层次、多维度的文化复合体。

湖北地处长江中游,文化底蕴深厚,是中华民族的始祖炎帝的故里。春秋战国时期的楚国在长达800多年的历史中,创造了楚文化。楚文化璀璨夺目,博大精深,是人类文化史上的一朵奇葩。在汉代"独尊儒术",尤其是宋代推广书院以来,各州、府、县乃至一些镇都有孔庙。湖北的孔庙在清代末年共计78座,由于社会历史的变迁,现在湖北存在的孔庙只有20个地方留存,其中规模较大、相对保存完好有浠水、通山、老河口、新洲、四处,其他的则仅存孔庙大成殿。因此,应该引起我们对文庙建筑保护的思考。

浠水文庙:位于湖北省浠水县清泉镇,坐北朝南,面临浠水河,背靠儒学巷,地势开阔,环境优美。《浠水县志》记载,文庙始建于宋,距今900余年,元末遭兵毁,明洪武七年(公元1374年)依旧重修,明弘治年间修建棂星门,逐步建成一套完整的古建筑群。明崇祯十六年(公元1643年),农民起义军张献忠部烧毁文庙,清代顺治、康熙、雍正、乾隆、同治、光绪等时期陆续重建和扩建,建成了以棂星门、大成殿为中轴线,包括棂星门、大成殿、崇圣祠、尊经阁、东庑、西庑等庞大的古建筑群，并保存至今。2000年博物馆多方筹资，重新维修浠水文庙，重塑孔子及"四配"、"十二哲"像，对外开放，真正使博物馆浠水文庙成为浠水县一道靓丽的人文风景线。千年浠水文庙，是浠水最大的古建筑群，也是体现古代民间建筑艺术风格的典范。

浠水文庙不仅是湖北省保存最完整的古建筑群，也是湖北省重点文物保护单位，2007年湖北省文物局将浠水文庙作为全国重点文物保护单位推荐评审，并将文庙申报为全国重点文物保护单位。

通山圣庙：位于通山通羊镇民主街，圣庙始建于北宋庆历四年（公元1044年），现存建筑为清嘉庆年间改建而成，有大成殿、圣庙、崇圣祠、教谕、训导二宅、东西庑廊、棂星门等，为湖北省文物保护单位。

光化黉学（孔庙）：位于老河口市老县城村，是湖北省现存规模最大的明清庙校合一建筑。据从老河口市博物馆保存的清光绪年间的《光化县志》查证，光化黉学始建于宋熙宁年间，宋元符三年（公元1100年）重修，明万历元年（公元1573年）迁到现址，其后曾历次更修，最后一次大修是在清光绪十三年（公元1887年）。

原建筑包括石牌坊、登云桥（又称状元桥）、棂星门、泮池、大成门（又称过殿）、大成殿、名宦乡贤祠、明伦堂、射圃厅等20余处。大成门、大成殿和明伦堂等主体建筑沿南北中轴线布置，名宦乡贤祠等置于东西两庑。四周置宫墙，院内植古柏，整个建筑群规模宏大，庄严肃穆。由于兵燹战乱及社会动荡的影响，现仅存南北相应的大成门和明伦堂。南殿即过殿，俗称"九架九檩朝王殿"。北堂为明伦堂，系前三间后四间两栋相连，高如南殿，屋架有三架五梁穿枋组合。就是这两栋保存完整的建筑，浓缩着光化黉学昔日的光彩。除南殿北堂外，构成整个建筑群中轴线的青石道仍然保存完好。

光化黉学在继承黉学建筑共有的艺术风格的同时，还具有自己独特的魅力：一是文庙学官合二为一，占地面积约为49760平方米，面积之大实为罕见。二是建筑法式较为特殊，在过殿中采用石木混合梁柱实属少有。此外明伦堂布置于中轴线上，在国内文庙建筑群中尚没有发现。三是建筑时间明确，明、清光化县志记述详尽。抢救保护工作有根有据，切实可行。

被省内文物专家誉为"一颗被埋没的夜明珠",极具保护、利用价值。

罗田文庙:位于湖北省黄冈市罗田县凤山镇胜利街,县人民政府门首,湖北省文物保护单位。始建于元代,即元成宗大德八年(公元1304年)知县周广将县治从魁山脚下(今石桥铺四口塘旧县畈)迁到官渡河(今县城)后,在城内归厚巷(今城东处)建文庙。在明、清两朝统治的数百年间,多次遭洪水、兵燹毁坏,迁建和重修达12次,最后一次是清同治九年(公元1870年)重修。今仅存文庙主体建筑大成殿,现为罗田县博物馆馆址。

襄阳学宫大成殿:位于襄阳市襄城区积仓街中段北侧。襄阳学宫始建年代不详,唐代位于城外,北宋庆历五年(公元1045年)迁至城内,明代曾5次重修,崇祯末年毁于战火,清顺治年间、康熙十二年(公元1673年)复建,后不断扩修,现仅存大成殿,建于道光二年(公元1822年),是县学宫的主体建筑之一,用于供奉孔子神位。襄阳学宫大成殿为第三批湖北省文物保护单位。

枣阳文庙:位于枣阳北城街办大南街,亦名黉学大殿,黉学又称文庙,始建于元至正三年(公元1343年),清嘉庆年间重修,原建筑规模宏大,坐北朝南,占地面积约7300平方米,四合院式三进院落布局,有棂星门、星桥、至圣殿、崇圣祠及明伦堂、节孝祠、忠义祠等,大部分建筑在抗日战争时被日军炸毁,现仅存至圣殿,为第三批湖北省文物保护单位。

文昌祠:位于恩施市旧城区鳌脊山顶,又名文昌宫、文昌庙,始建年代不详,清嘉庆三年(公元1798年)迁现址,坐西朝东,占地面积约1.36万平方米,四合院式三进院落布局,有庙门、前楼、中殿、正殿和偏房,今前楼已毁,为第三批湖北省文物保护单位。

船头寨龙水文庙:位于今龙水小学校址。现存文庙主体为义学原貌,二进二厢一院一戏楼,占地约2000平方米。院内戏楼下嵌刻石碑四通,记载了文庙及当地教育发展情况。《龙水文庙序》(碑)是考查船山清代教育的重要史料。现嵌于教室壁上,长3米,高85厘米。恩进士冉寿益(仁山)撰、吴锡龄书,正楷阴刻,字迹清晰,保存完好。

明初为佛寺,是开莲和尚圆寂的地方。黄中反明,深知人才的重要,于是他毅然改佛寺为文庙,把孔子木像请进殿堂,办起了一所读书讲经的学校,并且还仿效中原,开科取士,点了一名姓蔡的状元。今文庙附近有地名状元坟,就是那位蔡状元的墓地。清同治十二年(公元1873年),吴衡山将龙水文庙改建为义学。吴衡山又名吴化南,据《吴氏族谱》载:"十一年,鉴范中淹故事,化南公募化四方,创建义学于虎头寨。"龙水文庙被挂牌,为湖北省省级文物保护单位。

郧阳府学宫大成殿:位于郧县城关镇西岭街。据史料记载,大成殿曾为郧县的县学宫,后郧县升为郧阳府后,该学宫也同时升为郧阳府学宫。当时的建筑面积较大,约有8万平方米,建筑结构为东西向建筑,是一个大规模的建筑群,仅仅有名字记载的建筑就达21栋,是综合型的府学宫,既具有教育管理职能,又具有孔庙性质,还有学校的职能。当时的郧阳府兼管六县一市,因此,这里还是培养高级知识分子和进行科举考试选拔的重要之地,既有诸生号舍,又有藏书楼。明清两代,郧阳、荆襄、陕南、豫西广大地区的学子们都汇集于大成殿里科考。

其建筑明清年间曾重修12次之多,内有10余块劝捐修复学宫记碑,是研究明清两代郧阳教育史的珍贵实物资料。大殿附近还保留有石碑和部分清代修葺的西门、围墙。而现存的大成殿仅仅是当时郧阳府学宫的一部分,即当时的文庙,仅留存主殿7间和南便门3间。

郧阳府学宫大成殿为湖北省唯一保存下来的一座府学宫,也是全国除曲阜孔庙外保存最完整的木质结构儒家学堂,1985年被定为县级文物保护单位,2002年被湖北省人民政府定为湖北省重点文物保护单位。由于位于丹江口淹没区,府学宫在迁移至郧县柳陂镇和平岛文化旅游园区复建。复建包括大成殿,前殿、后殿、大殿两庑及儒学斋、儒学堂、餐橱堂和长廊、学宫记碑廊等,真实再现明清两代相沿的学宫建筑群。

竹山文庙大成殿:位于竹山县城一中校园内,文庙始建于唐代。据《竹山县志》记载唐太宗贞观四年(公元630年)下诏"州县皆立孔子庙",初为学宫,后历代皆有修缮。现存文庙大成殿建于明正统十三年(公元1448年),清道光二十一年(公元1841年)重建。面阔五间两层,建筑面积600平方米,砖木结构,垂檐叠山式,建筑雄伟壮。竹山文庙大成殿为湖北省文物保护单位。

麻城圣庙大成殿:位于麻城市区。原址在市委机关院内,1994年迁建于烈士祠。圣庙又名孔庙,也称儒学,始建于南宋,元末毁于战火,明洪武年间重建，后几经颓毁，几度修葺重建。现存圣庙大成殿，坐北朝南向，保存完好。

荆州文庙大成殿：位于荆州城内荆中路长江大学附属中学办公楼，为荆州市文物保护单位。清康熙六十年（公元1721年）自城东北隅迁此。嘉庆元年（公元1796年）重建大成殿、两庑戟门、名宦乡贤祠，改建崇圣祠、尊经阁、棂星门、明伦堂、文明阁，增建节孝祠、更衣所、刑牲处、祭品乐器库、新旧碑亭。后遭日本侵略军轰炸、拆毁，仅存大成殿、泮池、棂星门石坊及门外两旁巨大石坊。

沔城孔圣庙：位于仙桃沔城回族镇文化站内。明洪武六年（公元1373年）建成，建有大成殿、东西斋、明伦堂、射圃等建筑。后来此处被定为州学，屡有修建。嘉靖十年（公元1531年），改为先师庙。1939年毁于战火。1995年在原址复建的孔子塑像、文圣楼、花圃、竹园、碑林、泮池、华表、思贤亭等组成文圣公园。

南平文庙：位于公安县南平镇，为湖北省文物保护单位。为砖木结构，坐北朝南，重檐歇山式，始建于清同治元年（公元1862年），后因历经兵燹，附属建筑已毁，仅存主体建筑大成殿。

黄州文庙：位于黄冈市实验小学校园内，是黄冈历代府试院（学宫）的主体建筑。始建于明中期，其间历经三次战火损毁，清同治七年（公元1867年）第四次重建并保存至今。新中国成立初期，文庙大殿四周原有木构建筑均被拆除，目前仅存大成殿一座。其不仅是黄冈文化教育发展变迁的历史见证，也是大批历史文化名人的摇篮和革命旧址。湖北省文物局正式批准黄州文庙为省级重点保护文物。

云梦儒学大成殿：位于云梦县城关镇。始建于明洪武年间名先师庙（即儒学大成殿），现存建筑为清代。面积260平方米，整个木结构用材纤瘦，很有地方特征。云梦儒学大成殿是县城唯一古代建筑，即将搬迁至楚王城遗址公园。

应城孔庙大成殿：位于应城市人民公园内。唐显庆元年（公元656年）始建黉舍，北宋元符二年（公元1099年）修建学宫，南宋绍熙五年（公元1194年）兴修儒学，明景泰七年（公元1456年）建明伦堂（讲堂），明成化七年（公元1471年）由知县汪清改造原学宫而重建大成殿，始有孔庙之名。至清道光三年（公元1823年）已多次重修。现仅存大成殿、大成门（1992年改为至圣门）、乡贤祠、名宦祠、泮池、泮桥等建筑。大成殿内，供有"至圣先师孔子"塑像，殿内还悬列清朝历代皇帝御颁的匾额。

此外，阳新黉学位于阳新县城，始建于清代，现仅存鼓乐楼。保康文庙位于保康县城，为明代建筑。谷城崇文阁（圣人庙），位于谷城县盛康镇，为清代建筑。德安府儒学大成殿，位于安陆市，为明代建筑，湖北省文物保护单位。

存续千年

书院作为我国古代知识分子讲学授徒、治学读书的教学机构,推动着文化的繁荣。在这一组织中,相对宽松且自由的办学环境、大师云集的思想高地和师生传道授业解惑的学术氛围,使得书院成为学术创新、传承文化、实施教化和提升修为的重要基地。

> 作为中国民间四大爱情故事之一的《梁山伯与祝英台》，从西晋开始，便在民间流传已有1700多年，可谓家喻户晓，流传深远，被誉为爱情的千古绝唱。梁祝爱情的凄美，往往让我们忽略了故事的发生地——书院。

万松书院位于西湖南缘凤凰山万松岭，始建于唐贞元年间。万松书院曾名太和书院、敷文书院，是明清时杭州规模最大、历时最久、影响最广的文人汇集之地。明代王阳明、清代齐召南等大学者曾在此讲学，"随园诗人"袁枚也曾在此就读。清代康熙、乾隆两帝南巡时，分别赐额"浙水敷文"、"湖山萃秀"。

「万松书院」

梁祝虽然是民间传说，表达人们对于爱情的倾慕和美好事物的向往，但其美丽的故事使肃穆的书院有了人情的温存，也让虚无的故事有了真实的背景。书院在中华大地上存续千年，是我国教育史和文化史的璀璨明珠，一直对中华文明产生深远影响。书院作为我国古代知识分子讲学授徒、治学读书的教学机构，推动着文化的繁荣。在这一组织中，相对宽松且自由的办学环境、大师云集的思想高地和师生传道授业解惑的学术氛围，使得书院成为学术创新、传承文化、实施教化和提升修为的重要基地。

尽管书院带有官办成分，但多半具有民间色彩，也更多地由私人管理和组织教学。因此，有别于官学以参加并通过科举为主要目的，书院教育主要是追求道德教化和知识传授。对此，书院谨遵儒家道德理想和人才培养模式，践行修身齐家治国平天下的人文精神。通过制度化的章程和学规等形式，将道德教育贯彻到日常教学的每一个环节，凸显书院的人文关怀，形成崇圣尚道、兼容并蓄、独立自由的书院精神。

通常来说，学者们认为书院起源于唐朝，繁荣于宋朝，明清走向官学化，而后在中西文明碰撞下，书院改制，走下历史舞台。书院在诞生之初就与修书、藏书紧密联系在一起，在发展过程中又通过与佛道文化抗衡，汲取和融合诸家文化特点，形成讲学、藏书、祭祀、学田四大基本规制，并逐渐扩展为六大事业。

与此同时，书院基本规制还外化为建筑，大致对应为讲堂斋舍、书楼书库、祠堂庙宇、仓廪厨房等几个功能不同的区域空间，形成极具人文特色的书院建筑群。

别具一格说特色

书院既是中国文化史上令人赞叹的伟大创举，也是先辈们智慧结晶和文化教育品味的构想。它既保持清风朗朗的文化理想，又符合中国国情，为世人所称道。一是它对中国上下两千年文化的传递与研究功不可没；二是它培养了让人们赞叹不已的文化精英与辅国安邦的栋梁之才；三是它别具一格的教育体制和教学特色，不仅对中国文化教育有着深刻渗透的理解，可以说对世界的文化教育也有所影响。

（一）民办官助的办学形式

书院教育历来受到学者重视，一般认为它不是官学，尽管带有私学性质，也不是一般的私学，它介乎两者之间，因而可以说是民办官助的办学形式。一方面，它吸收了历代官学系统具有积极意义的办学传统。另一方面，它又是直接对传统私学的继承和发展。在对传统官学与私学综合基础上，建构了一种独特的教育组织。从中国教育发展史而言，无疑是一次深刻的教育改革。

> 书院虽起自民间，但与私学不同，它有自己固定的教育经费作保障，这就是它建立了类似于官学的以学田为中心的教育经费体系。重视学田田租对学校的投入，是历代朝廷为兴办学校采取的重大举措。书院作为一种新的教育组织形式，它在建立之初就采纳了官学设置学田的做法。

一般来说，除了极个别情况，书院都有自己的学田，学田来自多种渠道。其一由民间学人、乡邑名流捐助，在书院创办之初，就包括了学田的投入。其二政府的拨款赏赐。书院为了获得更多学田，往往会向政府请求。以宋代书院为例，得到官府学田和捐钱的就有87所，包括著名的岳麓书院和白鹿洞书院就请求朝廷赐予学田来帮助书院办学。没有足够的经济力量支持，不用说书院大规模教学计划无法实施，即使一时的教学活动也难以为继，所以书院发展必须得到政府的支持与帮助。

（二）百家争鸣的学术研讨

讲习式的书院，尤其是名师鸿儒创设或主持的书院，往往以自由讲学为其主要特色。讲学有两种：一是传授性的讲学，二是会讲式的讲学。传授性讲学类似于荀子所说的传道授业解惑。下面着重介绍颇具特色的自由论辩式的会讲。所谓会讲，用朱熹的话说，就所讲之书，问难扬榷，有奇共赏，有疑共析。

会讲有两种。其一是书院内部的学术问题分析解疑，其二是学者之间、书院之间相约而行的学术论辩。学者之间的学术论辩发端于朱熹与张栻。南宋乾道三年（公元1167年），朱熹访理学名家、湖湘学派巨子张栻于潭州，彼时张栻是岳麓书院教事，门人众多，影响颇大。朱熹与张栻就学术上一些重要问题进行了论辩，这一讲便持续两个多月，史上称为"朱张会讲"。两个学术界的杰出人物用精湛语言和高超思维探讨哲学意义上的人与人性，除了感染来听会讲的学生，两人也如高山流水遇知音般相互吸引，相互敬仰。后来"朱张会讲"的故事广为流传，当地百姓还把朱熹与张栻往来于岳麓书院和城南书院的渡口，称为"朱张渡"，以表示对两位贤儒的纪念。南宋另一次著名会讲是"鹅湖之会"。

书院会讲的鼎盛时期是明代。明中期，湛若水、王守仁重振理学，湛、王弟子集中讲会，举建书院，到处会讲，一时风靡全国。讲会与会讲是有区别的。"会讲"是学术聚会、学术讨论或是会同讲学，而"讲会"却是学术组织、学术团体。明代的学术会讲与争鸣往往更多带有学术团体与士子结社的内涵。明代的学术会讲有的已发展成学术团队——讲会，而讲会则多制定会约,对会讲的学术传统与精神加以规定。清代的讲会与会讲主要集中于讲学的书院。

可见,明清时期书院的会讲已发展成学术团体的讲会。它人员众多,规模宏大,规章完备,主盟讲授,同志讨论,质疑问难,会友回答,互相切磋,同时还要进行道德躬行实践的规劝与督查。会讲由同门学子举行,争鸣的气氛虽然不如宋代"鹅湖之会",但对于本门师说的争辩,依然不绝记载。这种会讲对本门学派理论的深化,使之朝着提高与普及两个方向的发展都有着重要意义。

(三)新颖独特的自学读书

书院讲学的主要特点是自学为主,自行研究,而其基础和根本途径则来源于自行读书。一般来说,书院都有丰富的藏书以供师生使用,唐末与宋代早期的华林书院、东佳书院都是聚书万卷。明清时期,书院的藏书更是达到鼎盛,如清代昆明五华书院收藏了许多典籍,同治、光绪两朝地方官员纷纷指定买书,如《御定子史精华》《钦定佩文韵府》《十三经注疏》《二十四史》等50种。有的一种就包括无数卷册,如《古今图书集成》都是卷帙浩繁,难以计算。书院的藏书为学子们的自学提供了条件。

「古今图书集成」

书院是以自学为主,自己读书,自行钻研,老师讲授往往是指导性的。平时则由教师或学生根据钻研者体会程度的高低答疑解惑。品德教育和知识教育也是如此。对于质疑问难,答疑解惑书院大师们也是各有特色。

然而对后世影响最大的是朱熹的《朱子读书法》和以这个读书法规划出来的《程氏家塾读书分年日程》。《程氏家塾读书分年日程》是朱熹的学生、元代教育家程端礼所作,他的这个读书分年日程后来成为书院的课程系统,并为多数学院所采用,这个日程包括了从8～23岁的整个读书阶段。书院采用的多是15岁以后的课程。

教育发展到书院阶段,学生学习的主动性、创造性随着学习内容的思辨性与抽象性而加强,也由于书籍大量增多而大大改善了学习的工具、手段与条件,学习的自觉性与创造意识远远超过前人,书院教育中的质疑问难与答疑解惑达到了一个新的境界。书院大师本身以及他们所提倡的怀疑精神,为学子们的独立思考、质疑、诘难提供了更加广阔的文化背景,"问"是从"疑"开始的,学者愈是能发现有价值的疑点、疑团、疑案,就能去思考,去探索,去提出问题。有经验的教师,不是被动地等待学子们的提问,而是有意识地引导学生提问,甚至把问题作为学习的必要途径加以规定。明代以来的《白鹿洞书院学规》就规定:"学海无涯,不集众思,无以广益也。故非惟师长可问,行辈亦可问也,非惟行辈可问,即年少于我者亦可问也。"

璀璨夺目添异彩

书院是古代教育的载体,是一种年代久远的教育机构。一些赫赫有名的书院,甚至可以毫不夸张地说是中国古老的高等学府。既然是高等学府,就离不开培养人才、收集史料、储存图书、积累知识、传播文明的教育职能。

著名的岳麓书院,不

「岳麓书院御书楼」

仅集中了大量海内最高水平的教育家,如朱熹、张栻、王阳明等人,其学术造诣堪称海内一流,而且它培养出来的学生更可列一份让人叹为观止的名单。以清代为例,哲学大师王夫之,理财大师陶澍,军事家左宗棠,启蒙思想家魏源,政治家曾国藩,外交家郭嵩焘,教育家杨昌济以及维新运动领袖唐才常、沈荩等都师出岳门。从岳麓书院藏书来看,也可以堪称书院之首。清康熙年间,所藏御书有18种,凡40函。嘉庆二十五年(公元1820年)岳麓藏书已有387部,计3271本,10054卷。因此,寻觅历史,探访史迹,说一说书院的藏书与修书。

(一)宏盛的书院藏书

书院与书有着一种血肉相连的关系。可以说,没有书就没有书院。唐宋以降,藏书即成为书院的一种事业追求。而经千余年的努力,也使书院藏书成就斐然,形成了独具特色的图书征集、编目、保管、借阅等在内的一套完整的管理制度,得以与官府藏书、私人藏书、寺观藏书一起,并称为我国古代藏书事业的四大支柱。

> 书院的本义是用一个院子将很多书围起来,所谓"院者,取名于周垣也",就是这个意思。西汉以前,书籍的制作是用手一笔一画地刻写在竹简、木椟上完成的,生产速度极慢,成书往往十分笨重,亦极为昂贵。

从"学富五车"这个形容人学识渊博的成语中,我们就能体味到那个时代的藏书不可能达到一个较大的规模。因此,人们只需用斋、堂、楼、阁等一些表示个体建筑的名词来称呼自己的藏书之所或读书之地。发明造纸术后,纸张得以大量生产和流传,于是衡量一个人的学识标准也就从"五车"提到了"万卷",所谓行万里路,读万卷书。在这种情形下,再用一两个斋舍就难以收藏众多的书籍,而必须建造较多斋舍构成的院子或院落来藏书和容纳读书之人,于是便产生了书院。这是从书院的起源,即书院是从民间士大夫的书斋和中央政府的藏书、修书之地演变而来的。从中我

「书院藏书」

们可以看出,书院和书的紧密关联,确切地说,没有纸本、印刷之术,就不会有书院的出现,书院是印刷技术进步的产物。

在唐代,书院虽处在初级阶段,但对于藏书却有足够的重视,在《全唐诗》的诗句中有这样的画面:书院建阁藏书,书生坐拥书城,经年不出,读书删诗之情形在诗人笔下栩栩如生。还有地方志中也可以找到明确记录读书之所的书院。所有这些说明,在唐代,书院藏书已经是一种比较普遍的现象。唐代丽正书院、集贤书院,上承东观、兰台之制,具有国家图书馆的性质和功能,但其藏书又确实是书院藏书,实开后世书院藏书事业之先河。在书院藏书史上,它起着将千余年国家藏书事业经验传输给新兴书院组织的桥梁作用,为日后书院藏书事业发展及其特色形成打下了坚实的基础。唐末五代,中国社会进入战乱黑暗时期。这个时期书院在极其困难的条件下,仍承担着收藏典籍、保存文化事业的重任。

时至宋代,书院的藏书事业开始进入繁荣昌盛阶段。首先,国家当局予以关顾,将相当于官方标准读物的国子监印本"九经"等颁赐给书院。赐书的主要目的和赐田赐额一样是为了奖赏书院办学以替代官学培养人才的贡献,并借机官方标准读物,以求统一思想,而客观上有利于书院藏书事业的发展。因为御赐藏书在封建社会中凭借至高无上的皇权所产生的巨大社会影响,对极少数获得赐书殊荣的书院,无疑是最大的荣幸和奖赏,并对藏书事业产生巨大的促进作用。在宋初天下四大书院中,就有白鹿洞、嵩阳、岳麓三书院得到过皇帝的赐书。其中白鹿洞书院就是因为朝廷御赐国子监的"九经"而名扬天下,从而奠定四大书院的基础。第二,藏书规模的扩大。由于印刷技术的推广,书籍得以大批量生产,因而宋代书院的藏书规模扩大了,书院藏书已与国家藏书势均力敌,形成平分秋色之势。从此,书院藏书即成为中国古代藏书事业中最为活跃的且独具特色的一个组成部分。第三，书院藏书的品种呈多样化。书籍有手抄本，也有当时已经大量流通的雕版或活字"印本"。第四，创建一批著名的藏书楼。宋代书院数量多、品种丰富，自然就需要修建专门的建筑来收藏了，于是出现了一批有名的藏书楼，如岳麓书院的御书楼、鹤山书院的尊经阁、溪山精舍的崇文阁。

元代虽是蒙古族入主，但元太祖对书院持一种积极的保护、鼓励政策。因此，书院之设"几遍天下"。书院藏书也得到继续发展，藏书规模不仅得到扩大，而且大大超过宋代，其表现形式为院承宋田，新辟书院。这一时期书院藏书开始进入正规化、制度化的阶段，主要表现为设置专人管理图书和形成借阅制度。

「苏州鹤山书院」

明代书院发展历程颇为艰辛。书院的藏书事业亦无宋元以来的旺盛之势，进入相对低迷的低平时期。尽管如此，但仍以其自己的方式在向前推进。这主要表现为两点：第一，院藏书目增多，编目则适应情势而求变通，反应明代书院的藏书特色；第二，藏书制度趋于完善，出现正规的管理条例。李梦阳《白鹿洞书院新志》所记载文字反应藏书制度已相当规范化，是明代书院藏书制度趋于成熟的一个重要标志。纵观历史，这是宋元时期不曾有的现象，乃至清代，则因承其例，扩充增拓，形成专门的图书管理条规、制度。所谓承上启下，继往开来，可以说是明代书院对于中国古代藏书建设的一大贡献。

及至清代，书院的藏书事业终于摆脱长期徘徊的局面，得到长足发展，形成浩然盛大之势。首先，藏书建设得到普遍重视，大小书院多藏有图书。各地创建诸如书楼、御书阁、御书楼、藏书阁、藏书楼、万卷楼、藏经阁、稽古阁、博文馆等名目的藏书处所，所藏经史百家之书，以为师生研习、讲诵之资。第二，制定专门的图书管理方面的规章制度。书院藏书建设，元代已呈现制度化趋势，但没有发展到所有的工作程序规范化、程式化的程度。清代则随着藏书经验的积累，管理水平日渐提高，形成了设计资金筹措、图书征集、登记、编目、借阅、赔偿、保管等环节的图书管理制度。这些制度或悬于藏书楼壁间，或刻为碑记，或载藏书目录之前，或见于书院志章程门，总计有数十个，可见藏书建设制度化之一斑。第三，编辑了大量的藏书目录，广传于世。第四，书院内部形成相对独立的运行机制，由监院或学长、董事主持，或由官府、董事会负责，委派专人操办，管理人员忠实执行图书管理制度，推动清代书院藏书走向辉煌。第五，开始近代化进程，成为联系中国古代藏书事业与现代图书事业的桥梁。与中国社会发展相适应，再加上教会书院带来的影响，清代藏书在同治以降，已经开始近代化进程。综合以上五个方面，清代书院藏书带着古代的辉煌与自信，并迈着比较坚实的步伐开始近代化进程，并成为连续现代化学校和公共图书馆事业的桥梁。

（二）赫然的修书刻书

> 书院与书籍血肉相连，这是讨论书院藏书事业时一直强调的观点。同样，修书刻书也是书院与生俱来的一大功能。唐宋以来，修书、刻书成为书院的一种事业追求，通过千年的努力，使得"书院本"在中国印刷出版和版本学界地位赫然。

书院的图书编写活动始于唐代，最明显的例证是中央丽正、集贤二书院的"刊辑古今之经籍"。为了刊辑经籍，丽正、集贤书院还设置了专门的官职。唐代书院修撰刊刻图书过程中，职事设置多、职责划分专，说明其事业的发展已经达到很高的水平，其制度也相对完善。另外，类似于今日出版社校对的职事有校勘、正字、校理、刊正等，名目较多，说明丽正、集贤书院对图书质量的关心，为减少甚至消除书中的错误，增设多条防线，从制度上保证上乘之品的生产，且当时生产的图书是手抄本和拓本并存。随着隋末唐初出现的雕版印刷，集贤书院等已有印书的尝试，由传统的"修书"向新兴"刻书"迈出可喜的一步。

存续千年

五代到北宋，是雕版印刷的兴盛时期。我国的图书不仅可以做到同一品种的大量印刷发行，而且也可以做到大量不同品种的出版，于是版刻之书在社会上广为流传。当时最有名的一套书要数"五代监本九经"，它由五代数任宰相的冯道主持刻印，宋初的几位皇帝都用它赐给白鹿洞、岳麓等几所著名的书院，作为天下士人的标准读物推广。因此，这个时期的书院仍在继续着唐代已经开始的图书生产活动，而且跟随时代的步伐，完成从"修书"到"刻书"的过渡。

南宋时期，刻书作为书院的一种职能得到强化，很多有条件的书院出于不同原因都从事着这项事业。有纪念先祖、光耀门庭、传播家学之意，如潮州元公书院，为纪念先祖周敦颐而创建；有纯粹为了传播道学事论，其代表是建康明道书院；还有一种是书院刊刻自己的学术成果，如衡州石鼓书院山长戴溪《石鼓论语问答》三卷就属于这类。除此之外，书院似乎已经开始整理出版反映自身历史的著作。总的来说，宋代书院的刻书范围较广，经史子集四部书都有，尤其是医学著作的出版，向我们揭示了当年书院重视传统医学研究，且从事医学教育活动。书院所刻多为宋人著作，反映宋人对学术的关注，并传播当代研究成果。

「雕版印刷」

元代书院的刻书事业继承宋代的范式，得到长足的发展，呈现繁荣之势，而且在整个中国书院刻书史上占有重要地位。这主要表现在三个方面。第一，与宋代相比较，元朝有更多的书院加入刻书的行列。据史料记载，至少有32所书院曾刊印过图书。第二，形成书院刻书专业化倾向。编写图书是书院与生俱来的一种职能，自唐到五代北宋时期，由修书到刻书过渡，至南宋"书院本"的赫然面世，历经数百年发展，书院的这种职能不断得到强化，到元代终于分立，出现近乎专门从事出版的书院，最具典型意义的就是杭州西湖书院。西湖书院除了修补 20 余万宋刻旧版、印刷经史子集外，还刊刻新书，出版了很多当代著作。可见其是一所以刻书为主的书院，图书生产已具有较大规模，并且具有较高程度的专业化水平。第三，形成刻书书目。书院对自己的刻书活动进行有意识的记录，形成刻书书目，这是唐宋时期所未曾有的，这种现象应视为元代刻书事业进步和制度化的标志。

刻书和藏书皆有积累、传播文化的双重功效。明代盛行的王湛之学和书院一体化发展，共成辉煌之势，但和宋代程朱之学以及清代的考据之学不同，以发挥心学为己任，钟情于讲会，以传播其主张，强调悟性而束书于高阁之势。因而，终明一代，书院的刻书事业未能再创辉煌，呈现平淡之局。

但作为一种事业仍得到发展，并且显露自身的特色，概而论之，表现在三个方面：第一，仍有相当数量的书院从事图书刊刻，其数量可观，比元代多，值得注意的是所刻之书很少有本朝学者，表明当时活跃于各书院的主流派学者对书院刻书的冷漠。第二，王府书院作为新生力量加入刻书行列。明代为强化集权政治，自朱元璋始，将其子弟分封为王，遣往各地。各藩王在政治上受到严格控制，但其社会地位很高，经济势力强大，为满足文化需求，多创建书院讲学、刻书，这是宋元清都不曾有的新现象。第三，书院开始大量刊印反映自身发展或其教学、讲会情况的历史文献，贴近时代，最能反映明代书院的特色。

清代是书院刻书事业最为繁荣的时期，也是整个书院刻书历史的终结期。其书院刻书辉煌主要表现为以下三个方面。第一，变化之多，成就之大，无出其右。纵观清代 260 年的书院刻书历史，学术思想由程朱理学转为考据学、新学，大体也可作为书院刻书的三个时期，各个时期的成就都是惊人的，为历代所不能比拟。第二，出版大量的书院文献，为书院的教学、研究、管理及其他建设服务。第三，出版课艺等连续性读物，及时反映书院的学术成就，遂开今日"学报"之先河。从以上叙述，书院从书院课艺到书院学报的轨迹，亦可得知今日学术机关学报之来源，而书院出版种种书籍之举，对于文化事业之贡献得以昭然。

（三）不朽的祭祀传统

1. 文庙书院的祭祀概述

> 书院祭祀来源于中国古代的学校祭祀，而学校祭祀又来自于社会广泛的亲族血缘祭祀。古代中国是根基于小农经济，以血缘关系为纽带，以儒家伦理道德为指导的宗法社会，其突出的一个特点就是强调尊崇祖先。

因此，祭天与祭祖是相通的。祭祀，也就是要直接向祖灵祈求家庭的美满与幸福。对祖宗的祭祀，反映在教育活动上，便是祭祀孔子及其一大批圣哲与先儒，同时包括一大批本学派本书院的开山祖师与先师先贤，以及一大批地方的乡宦乡贤。先师、先贤、乡宦、乡贤，从某种意义上讲是人们文化学术的带头人，但是他们并不是同宗同姓，不好在家祭中进行，但是他们又是思想的指导和行为的标准，属于整个社会，因此，在学庙与书院这种培养下一代的文化机构中进行祭祀则是非常适宜的。

书院祭祀是有一定形式的，一般由山长主持，也有由当地行政长官或监院主持的。祭祀有两种祭典：释奠和释菜。此外，书院在每月朔望（即农历初一和十五）也要举行祭礼，由山长主持。每日则要早晚堂仪，形成一套严格的规矩。不同时期，不同的书院，其祭祀形式是不太相同的。这种师生对先师先儒顶礼膜拜的形式，就是为了宣扬他们的事迹，牢记他们的学术旨趣，怀念他们的功德，为师生树立仰慕的典范，成为进行学派学术渊源和书院奋斗历程教育的极佳形式。

官学是由官府举建，祭祀对象是由官方决定，一大批的"孔庙人物"，请进或者请出学庙，都是由朝廷商议决策的。书院祭祀的对象不像官学那么严格，还各有特色，下面分类列出。先圣：孔子及其门徒诸如四圣、十二贤、七十二弟子等。如岳麓书院建有文庙，主祭孔子，孔子像的左右两壁上有孟子、子思、颜回、曾参四配像。这类祭祀对象体现了历代书院祭祀制度对儒学源流的高度重视。先贤：主要祭祀本书院的开创者、各代山长及书院的有功之臣。先儒：祭祀与本书院学术渊源有关并受到本书院尊崇的学术大师或学派的代表人物。名宦：对本地或本书院作出贡献的地方官员。例如：江西的很多地方都有濂溪书院，是用来祭祀周敦颐的，这是因为周敦颐曾在这些地方做过官，功绩显著，同时又是理学开山人，受到百姓的怀念。乡贤：当地的乡土先贤。例如：岳麓书院有三闾大夫祠祭祀屈原，贾大傅祠祭祀贾谊，白鹿洞书院曾设忠节祠祭祀陶渊明、诸葛亮等。祖先：一般针对家族书院，这种书院不是学校，它只供本姓子弟住宿、聚会，实际上也是宗族会所，每年都在春秋二祭举行大型祭祀活动。它是一种集书院与祠堂、教化与祭祖这两种功能于一身的独特的建筑。家族书院每举行一次大型的祭祖活动，无疑是给家族的每个成员又进行了一次宗法教育，使大家更加尊敬祖宗，不忘祖先的恩典，并求祖宗保佑自己。

2. 祭祀的教育功能

文庙与书院祭祀，已经成为中国古代庞大的祭祀体系与独特祭祀文化的不可或缺的组成部分，其社会功能也是多方面的。

表彰先贤，道德教育。

在祭祀的对象上，书院最初也和文庙一样，祭祀孔子。南宋以后，书院祭祀中虽然还有孔子，尤其是在一些先儒不曾过化之地，名贤不曾经行之所的穷乡僻壤，找不到有说服力的祭祀对象，书院往往依惯例，专门祭祀先圣孔子。但从总的趋势来看，孔子及其弟子在书院祭祀中的地位逐渐淡化或下降，与特定书院有关的人物，或者是本书院所属学派的大师，或者是曾主持本书院讲席的著名学者，或者是影响本书院的乡贤，或者是为本书院的发展作出过杰出贡献的地方官，成了书院祭祀的主要对象。

> 祭祀实际上是书院道德教育的重要形式之一。书院把祭祀作为对学生进行思想品德教育的一种手段和形式，以先圣先贤的道德人品为楷模，来陶冶学生之品德，树立德育规范。

宋代苏州州学祭祀乡贤范仲淹，吴潜说祭祀的目的就在于使"诸生朝游而夕思，景行先哲，睹文正容貌，而企慕其为人：其未仕也，必如文正刻苦自勉，以六经为师，文章论说一本仁义而后可；其既仕也，必如文正有是非、无利害,与上官反复论辩,不以官职轻人性命而后可;其仕而通显也,必如文正至诚许国,终始不渝,天下闻风,夷狄委命而后可"。可见,宋代理学家把孔孟思想奉为崇高,着眼于心性义理的探求,把道德培养放在书院的首位。书院培养的人,首先是道德方面,情操高雅的贤人。

遵从其学,信从其道。

祭祀的对象,自从被推上受人顶礼膜拜的圣坛之后。无论是圣人还是贤者,都已经不再是简单的血肉之躯,

「苏州中学范仲淹塑像」

而是道德的载体、道统的象征和文化的符号。人们向他们执香行供,参拜祭祀,也不单纯是对其个人的感戴,而是基于对他所代表的学说的尊信。而单纯对个人的尊崇只能流于短暂和肤浅,只有思想和学说才有传诸久远的价值,才有值得尊崇和尊信的意义。

建堂起祠,强化认同。

祭祀作为表达虔敬和感戴的方式,对象的选择是至关重要的。在书院里,人们祭祀的总是自己爱戴的大师和欣赏的学者,是自己仰慕的同道人。一种与自己所学相违的学说,不可能如获至宝地长久研读一个被自己视为异端的学者,绝对不可能受到顶礼膜拜。所以,祭祀对象的选择,其实意味着学术思想和学派归宿的选择,表明了自己的学术渊源,同时也强化了对自己血脉和学术渊源的自我意识,书院祭祀让生徒知道了自己门派的精神血脉和学术源流,明白了本门派发展过程中先贤的功业,并自觉地把自己和其他门派区别开来,从内心深处产生对本门派的归附。白鹿洞书院是程朱学派的讲坛,象山书院则主陆学,北方的理学则主要是在赵复远播之后,由许衡加以发扬光大的,因此北方许多书院祭祀许衡许文公。因此,祭祀有着强化学派认同的作用。

书院是具有学派性的一代宗师创立学派,他们的门徒往往建立书院,传习本门学派的学说,崇祀学派的祖师。书院祭祀本门先儒,既是学派门

户的产物，又是学派流传的手段。书院学子朝夕生活在有着浓郁学派气息的氛围里，目睹本门学派祖师的遗容塑像，读他们的著作，体会他们的教导，自然容易产生同门学友的认同感，产生对本门学派的依恋和自豪，这种学派的认同心理，是学术派别的一种向心力和凝聚力。而学派认同的加剧，除了联络了感情外，对学派本身的发展也是有一定作用的。通过某个书院的祭祀，我们就能透视该书院的性格和气质。

寓教于祀，榜样示范。

祭祀活动本身，书院祭祀不仅仅是简单的顶礼膜拜，也不等同于纯粹的宗教活动，而是一种寓教于中的有效教育途径。书院教学和祭祀的两大功能，不是相互隔绝的，而是服务于同一个目的的。这意味着祭祀服务并服从于教的要求，或者说祭祀不过是书院教育的一种特殊形式。最明显的是祭祀为书院的学生树立了一个学习的目标。祭祀的对象，就是学习的榜样，它对学生的激励作用，会在很大程度上影响学生的一生，这一点文庙书院的作用是相似的。文天祥正是在幼年时看到家乡学校祭祀的欧阳修等人都有谥号，从而产生欣赏羡慕之情，并立下了"如果不能建立功业，死后不能成为人们祭祀的对象，那就不是大丈夫的作为"的志向。可见，学院的祭祀播下了文天祥心中"忠"的种子。

祭祀其实正是为文庙书院的学生创造一个庄严肃穆的环境，把学生引领进入自我教育的过程。学生心存敬畏，满怀虔诚，在祠堂供奉先贤的塑像和牌位。先贤的遗物和著作存放在书院，他们的精神也与生徒们朝游而夕息。祭祀和祠堂的存在，事实上拉近了生徒和先贤的心理距离。在"仰而瞻其容，俯而读其书"的日常生活中，在虔诚肃穆的祭祀典礼时，生徒们耳濡目染，逐渐培养起了对先贤的礼敬和景仰，进而思索他们的德业和事功，并以建立这样的功德自我期许。书院的士子，有必要从向书院里供奉着的先贤们学习做起，进德修业，卓然自立以成不朽。所以，书院祭祀是一种感性的教育，是一种榜样的教育，它使得书本知识更加直观形象，使教育形式更加生动有效。

移风易俗，社会教化。

书院祭祀不仅在书院士人的培养教育方面发挥作用，其影响还超出书院本身而及于整个社会，发挥着社会教化功能。书院通过祭祀对象的选择与确定而体现一定的价值导向，许多书院教育家也往往是基于这种认识而设立书院祭祀，希望以此改善士习民风。如明代蒋国祥修复白鹿洞书院祭祀周敦颐、朱熹的二贤祠后，也谈到希望此举有益于地方社会教化。如岳麓书院祭祀有功于书院的先贤的六君子堂，最早就建于书院西北不远处的高地，书院的屈子祠也建于院外东北数百米处，这些祠宇实际上已成为地方社会精神文化生活的有机组成部分。即使是一些建于书院内的祠宇，也并不是完全与外界隔绝的，当地社会普通成员也可以很容易接近。书院的祠宇的开放性与公共性，又使书院祭祀体现的价值观念得以向周边地区辐射，在当地社会发挥着教化作用。书院祭祀活动的过程，也是一个书院与当地社会实现互动、当地社会成员走进书院、书院的影响渗透到社会的过程。书院比较重大的祭祀活动，都有地方官员主持、参加。

因而，一次祭祀就是一次广泛的社会教化活动。它将祭祀活动的神圣性传导给接受者，也力图使被接受者以此体会理解祭祀的深刻含义。不同阶层的社会成员进入书院参加、观看祭祀，实际上就是受到了一次儒学的教育、洗礼，书院祭祀所倡导的价值观念也有了更为广泛的受众面。实际上，书院是社会大系统中的组成部分，与当地社会以种种方式发生联系。文庙书院祭祀的存在与设立，所发挥的教育作用的范围远超过其本身，可以视为社会教化的重要手段。

（四）独特的建筑景观

书院是儒生聚宿讲习之地，从选址意向、造型风格和空间布局等都体现儒家寄情山水的志趣和礼乐相成的思想。我们关注于书院精神的历史传统时，也有必要将视线投向它的物质文化层面。在这一层面上，作为物化的精神空间——书院建筑，虽然就建筑类型而言，同民居、寺观、宗祠等建筑通用性较大，有时甚至可以互换。但作为中国传统文化关系最为紧密的士人集中的主要活动场所，书院建筑较之其他的民间或官式建筑，则更为集中地反映出中国传统的文化思想，从而使建筑本身具有了官式建筑和民间建筑都难以达到的深刻的文化艺术价值，为我们追索和探究中国文化提供了新的独特视角。

一般认为，真正具有讲学性质的书院始于宋代，即我国理学创始形成的重要时期。当时，作为官学的一种补充，大多属于社会私人办学性质的书院遍布全国各地，目的主要是聚众讲学。许多理学大师都以书院为阵地，来传播自己的理学思想和学术主张，如周敦颐筑濂溪书院，杨时创东林书院，吕祖谦办丽泽书院，湖湘学派兴岳麓书院、碧泉书院、文定书堂等。由于是以讲学为中心的教育机构，书院建筑的一个显要特点便是在空间上。所以书院的选址十分讲究，除了注重自然环境中的山水特征外，还要强调和表现历史文化古迹、名士遗踪等人文环境，以便"远尘俗之嚣，聆清幽之胜，踵名贤之迹，兴尚友之思"。著名的宋代四大书院，白鹿洞书院设在江西庐山，嵩阳书院设在河南太室山，岳麓书院设在湖南岳麓山，湖南衡阳石鼓书院则设在湖水之滨。此外，有相当数量的书院分布直接同名儒大师的学术活动乃至生平有关，表现出因人而设的特点。如应天山精舍和象

「岳麓书院平面布局」

山书院应陆九渊的名望而设，丽泽书院则托吕祖谦之名，成都墨池书院则原为扬雄著书处。而湖南道州人氏周敦颐因世称濂溪先生，以濂溪命名的书院就比比皆是，仅湖南就多达十所。

影响书院选址的还有一个风水观念，风水说对于书院建置的影响是客观存在，甚至是颇为深刻的。从现成的资料来看，书院的所在地，第一类大多依山傍水，所谓"山屏水障，藏精聚气，钟灵汇秀"，为风水中的最佳"吉形"。大多数书院是背山面水型，即背枕山丘，面向湖泊或者河流，如义宁至城书院属于此类，符合风水说中的"吉形"要求。第二类为三面环山，一面向水型，也比较常见，如湖南的岳麓书院、云山书院、洞溪书院、玉潭书院、城南书院等。此种环境为风水说所推崇，为最佳"吉形"。第三类为依山傍水型，山水分列两侧，如缨溪书院等。风水中称为"枕山襟水，或左山右水"。第四类是三面环水，一面背山，外部环境以水为主。义宁仁义书院则如此。以水为龙脉，水抱之势，符合"水注而气聚"。

当然也有书院因为地理位置不够理想，于是为弥补天然不足，通过构筑人工环境营造良好条件，如挖塘蓄水，以补水脉；筑坝造桥，以固地气；植树造桥，以补龙背等。此外，书院建筑大多坐北朝南，书院的大门大多居中向南或向东南，西南方向，也是为了符合"居阳背阴，谓之大吉"的风水之说。

根据风水理论建造或者改建书院建筑的情况很多。在岳麓书院中，有一些关于风水的故事，在园林碑

「书院景观」

廊中有一块岳麓书院四公德政纪略碑，上面就记载一个故事。这就是为什么书院的大门与通向讲堂的道路不是垂直的而存在有5度倾斜的原因。有一年书院主事者听信术士的话，改书院的头门偏对麓右，形成"白虎高昂千尺"的形制，结果书院里疾病大作，诸生四处逃散，书院差点因此而散伙，王文清请示当时的长沙上官，上官亲到岳麓书院视察之后，说："书院的头门犹如人的脸面，把嘴移到右耳之旁，还成脸面吗？"于是将头门恢复原样，书院中的流行疾病才慢慢平静下去。这说明当时风水观念已经深入人心。

书院之所以如此重视营建环境，究其原因，源于中国传统的"天人合一"、"天人感应"的思维方式。远古时，古人即用阴阳、八卦和五行组合而成的系统来代表宇宙，把天地人统一为一个整体，萌发早期天人合一的想法。汉代的董仲舒在天人合一的思想基础上又提出了天人感应说，这种思想同彼时业已成熟的三纲五常的封建伦理制度相结合后，凡事究天人之际就成为人们的思想和行为的法则，逐渐渗透到人们生活的各个方面中。风水说在这种思维方式的影响下，也比附三纲五常把风水与天人关系相糅合。由此可见，风水说之所以能影响到书院的选址，其深层原因仍在于同天人合一、天人感应思想的同构性。

书院不仅在外部环境体现传统文化意蕴，其内部建筑也具有深刻的传统文化象征意义。由于讲学、藏书和供祀先贤圣达被视为书院的三大事业，与之相应的，讲堂、祠堂和藏书楼即成为书院的主体建筑。除此之外，

书院也同时兼有生活、游憩以及面向社会的文化学术交流等多项功能，从而使书院成为一个开放的多功能综合体。若按功能划分，书院建筑大体上可分为讲堂、祠堂、藏书楼、斋舍和园景等五大部分。其中，讲堂、祠堂和藏书楼作为书院的主体建筑，三者的空间排列则是严格地按照中轴对称的布置原则逐次递进，体现出对中国传统礼乐思想的遵从。"礼者，天地之序也"，作为以等级观念为基础的一套伦理体系和森严的制度，礼强调的是贵贱有别、长幼有差、上下尊卑有序的等级次序。礼对中国古代社会的影响不仅表现在思想观念上面，而且深入社会生活的各个层面。受这种思想的影响，中国的传统建筑也喜欢追求中轴对称的理想布局，以此来表达等级的尊卑。

「东坡书院」

书院作为传播传统文化的教化场所，自然也将重要的建筑物布置在中轴线上。小型的书院只有二进或三进。二进式的书院：第一进为仪门，第二进为讲堂，讲堂后附设祭堂。东西两厢为斋舍，前后左右四室多为服务设施。三进式的书院：第一进为门厅，第二进多为3～5开间的讲堂，第三进为先贤祠堂、文昌阁或魁星楼、藏书楼等，东西两厢为学斋。大型的书院如长江流域的东坡书院和近圣书院则有四进，依次为：第一进为大门，第二进为二堂或文蔚堂，第三进为讲堂或大堂，第四进为先贤祠堂、藏书楼、文昌阁或魁星楼。湖南的岳麓书院和云山书院为五进式。岳麓书院的五进分别为：赫曦台，大门，二门，讲堂，御书楼；云山书院的五进则分别为：仰极台，大门，讲堂，文昌阁，先师殿。书院主体建筑的安排中，先贤祠堂等祭祀类建筑均安排在大堂和讲堂之后，这样既突出了书院以讲学为中心的教育功能，又宣扬了书院尊师重道的传统精神，同时沿中轴线的层次推进，建筑越往后则地位越尊贵。因此，这种排列方式从一个侧面反映出了礼制所强调的君臣父子间的垂直等级划分，书院以人重，专师门，崇道统，纪念学统宗师和建院功臣。

由士人而兴，为士人服务的书院，在建筑装饰上也反映出士人的美学观念，所以书院建筑的形象大多朴实无华，以表现出文人追求庄重质朴的思想。在色彩和装饰上除偏向清新淡雅外，还注重象征意义的表达。清代岳麓书院山长罗典主持 27 年来，不仅重视德育，还注

「岳麓八景之一」

重书院的环境美化，拿出自己的俸禄作为书院修建经费，并带领学生在书院后面建造园林，栽植花木；挖池塘，养游鱼，修岳麓书院八景，取名为："柳塘烟晓"、"桃坞烘霞"、"桐阴别径"、"风荷晚香"、"花墩坐月"、"碧沼观鱼"、"曲涧鸣泉"、"竹林冬翠"。诗云：

晓烟低护柳塘宽，桃坞烘霞一色丹。

路绕桐荫芳别径，香生荷岸晚风抟。

泉鸣涧并青山曲，鱼戏人从碧沼观。

小坐花墩斜月照，冬林翠绕竹千杆。

罗典还创建了中国四大名亭的爱晚亭，其与爱晚亭还有一段美丽佳话。传说江南才子、诗人袁枚到长沙讲学，慕罗典之名特意到岳麓书院拜访。罗典有些看不起袁枚，便婉拒见之，只派其学生陪游并随时报告情况。一个学生报告说，袁枚在山上与大家席地而坐，没有一点架子，与学生们一起切磋学问。另一个学生报告说，袁枚很少介绍自己和发表言论，总是向我们了解罗先生的治学方法和理念。还有一个学生报告说，大家坐在红叶亭时，袁枚提议将红叶亭改名为爱晚亭，取唐诗人杜牧的"远上寒山石径斜，白云深处有人家。停车坐爱枫林晚，霜叶红于二月花"。取诗中"爱晚"两个字。学生们的报告，让罗典钦佩袁枚的才华与处事态度，于是他将袁枚迎进岳麓书院讲学。从此，罗典和袁枚结成好友，

「爱晚亭」

红叶亭也改名为"爱晚亭"。上述故事颇富传奇,流传甚广。但实际上,这是"毕冠袁戴",据考证,真正改名者应该是毕沅,而不是袁枚。

长江流域出才俊

文庙书院是传承文明、传播思想和文化的载体。它和文化有着千丝万缕的联系。纵观其发展史,无论是从数量还是从质量上看,长江流域的书院都远远多于黄河流域。有统计资料表明,在大部分时间里,江西的书院都是最多的,其次是浙江。我们再以宋代六大著名书院为例,除嵩阳书院和应天府书院属河南境内外,其余白鹿洞书院、岳麓书院、茅山书院、石鼓书院全在长江岸边的江西、湖南、浙江境内。这似乎与人们的常识观念不太一样,中华文明起源于黄河流域,而且在很长时期内以黄河流域为中心。书院更多的集中在长江流域,使我们不得不追忆起中国经济重心的南移和文化史上的两次迁移。

中华民族悠久的历史,创造了光辉灿烂的文化。从文化地理学的角度翻阅中华民族的历史,距今5000年前,我们的祖先就已经在黄河下游两岸生活,大约在公元前3000年以前,或者更早一些,先民们就告别了茹毛饮血、赤身裸体的时代。这个时期经历了黄帝、颛顼、帝喾、唐尧、虞舜五个时期,史称"五帝时代"。随后,先民们创造了奴隶社会灿烂的文化,到了商代,我们的祖先移居到黄河中下游,生产方式已由畜牧业进步到农业,并开始了定居生活,文化与教育在先民的实际生活中产生。到了春秋战国时期,奴隶制正向封建制过渡,各阶级、各阶层的思想应运而生,他们从各自的立场出发,代表着不同的阶级或阶层的利益,提出各种各样的治国养民方略,从各方面进行理论探讨。各学派之间非但政治观上截然不同,在道德观、教育观以及对知识分子态度上,也各执己见。他们之间激烈的论争,也有微妙的相互吸收和渗透,从而促进了各学派的进一步发展,繁荣了学术。这个时期,百花齐放,百家争鸣,以洛阳为中心,方圆五百里为半径,创造了丰富多彩的中原文化。在教育上,百家争鸣丰富了教育理论,促进了教育理论的发展,各个学派的代表人物大多是著名的教育家。例如：儒家有孔子、孟子、荀子，墨家有墨子，道家有老子、庄子，法家有商鞅、韩非子、李斯，他们都有很多论著。其中《论语》《墨子》《孟子》《荀子》《管子》《吕氏春秋》等，都蕴含着深刻丰富的思想内涵，是中原文化中璀璨夺目的奇葩。

从东晋开始，经济格局发生戏剧性的变化。长年征战，北方破败不堪，南方沿海各国有了较大的发展，尤其是长江流域一带，楚、越、吴等地都有了较大的发展，过去南蛮的荒芜之地一派欣欣向荣的景象。到了12世纪，金的入侵和南宋的偏安，进一步强化了封建经济南盛北衰的格局。这种经济重心的转移是值得注意的，如同火药对于军器制造，指南针对于航海，活字印刷术对于文化教育一样，有着不可低估的意义。五代相对活跃，多极化发展和兼容并存的文化思想形态随着经济的南移开始转向南方，绚丽多姿的中原文化也随着经济的南移，开始向南移动。加之楚文化的兴起，屈原、宋玉等一大批文化名人的出现，绘画、诗词、歌赋、建筑与园林艺术在长江流域有着不同程度的发展，促使文化开始向南移动。从东晋开始的文化南移现象，到了宋代文化重心已经由黄河中下游移到长江中下游，这种文化重心的变迁至南渡以后完成。

从东西晋到宋朝，书院是文化变迁的重要组成部分。长江两岸，地肥水美，气候温暖，有利于农作物的生长，沿江的商贾之事也日渐昌盛起来。随着经济的繁荣，沿江出现了一个个热闹非凡的港口和繁华的城镇，人们休养生息，安居乐业，文化教育事业也蓬勃发展起来。加之长江两岸名山大川甚多，一些文人志士开始在大江两岸兴建书院，教育子孙，传承文明。经唐、宋、元、明、清五个朝代的变迁，长江流域的书院占据了全国书院中的绝大多数。据统计，除去一些创建年代不详的书院外，唐和五代创建了47所书院，其中位居前列的是江西13所，湖南8所，浙江6所，福建6所，四川5所；宋代建有书院720所，其中江西224所，浙江156所，福建85所，湖南70所，四川31所，江苏29所，安徽20所；元代建有书院296所，长江流域的书院虽然比例有所降低，但仍然占了大部分，如江西94所，浙江49所，湖南21所，安徽15所，福建11所，湖北10所，江苏和上海共10所，四川（含重庆）5所，贵州3所，云南1所；明代书院数量有了较大的增加，建有书院1699所，其中江西287所，浙江199所，福建107所，湖南102所，安徽99所，江苏66所，四川63所；清代建有书院3868所，其中浙江395所，四川383所，江西323所，湖南276所，福建162所，湖北120所，江苏115所，安徽95所，上海37所，仍然是占了一半多。

不仅从数量上大大高于黄河流域，从质量上看，中国著名的书院也大多建在长江中下游地区。时间上较早的有张九宗书院和李宽中秀才书院，依托于家族的东佳书院、华林书院和雷塘书院号称"江南三书院"。北宋的六大书院长江流域也占了4所。南宋理学的重镇岳麓书院、白鹿洞书院、象山书院和丽泽书院则都位于长江流域。明清有影响的书院如稽山书院、东林书院、甬上证人书院和诂经精舍也都集中在江浙一带，虽然明清时期珠江流域的书院有了很大的发展，但从影响上来说，仍然以长江流域的书院的影响最大。

这种文化南移的结果是繁荣了长江流域的文化教育事业，促进了社会的文明和国民素质的提高。以清代的114名状元为例，长江中下游的状元共有89人，其他地区不过25名，还是封建皇帝为了照顾那里的情绪而特赐的。从东晋开始至今，经过文化的两次南移，长江中下游经济文化始终长盛不衰，沿江的上海、南京、武汉、重庆成了著称于世的繁华都市，中国各大学派、流派也以长江两岸为中心分布开来。直到今天，还可以明显看到，我国南方的高校明显多于北方，名牌大学比比皆是，文化名人不胜枚举。甚至连如今的高考，不仅从考生数量上和分数上看，南方明显高于北方，而且从录取考生的比例上看，南方也高于北方。文化南移现象是客观存在的，至于文化南移与书院兴盛的直接联系以及文化南移所造成的南盛北衰的奇特结果，应该说是中华民族在自身的发展过程中，透过经济的南移，以经济为基础的文化也开始发生演变，以一定经济和文化发展为基础的书院教育自然顺应时代的变迁，在长江流域如火如荼地发展起来。

开创新篇

　　书院是新生于唐代的中国士人的文化教育组织,它源自民间和官府,历经千年,已经发展成为包括藏书、校书、修书、著书、刻书、读书、教书等多功能于一体的文化组织,进行着文化积累、研究、创造和传播。

作为中国历史上的盛世唐朝，文化先进，兼容并蓄，在传承中华文明上作出卓越贡献，不仅是因为其流芳百世的诗、书、画，还因为诞生了书院。书院是新生于唐代的中国士人的文化教育组织，它源自民间和官府，历经千年，已经发展成为包括藏书、校书、修书、著书、刻书、读书、教书等多功能于一体的文化组织，进行着文化积累、研究、创造和传播。

官方书院的开端

书院出现于唐代，这是一个不争的事实。一般认为最早出现于唐玄宗开元年间，发端于丽正书院的设置。清人袁枚在《随园随笔》的说法成为书院研究者所公认的最权威结论。这一说法肯定了两点：第一，最早使用书院之名者是唐玄宗时创置的丽正书院和集贤书院；第二，丽正书院和集贤书院都是官府的修书之地，而非士子肄业之所，相当于国家的图书馆，而不是培养人才的教育机构。

我国图书事业发展到隋朝时期已经具有较大规模，唐朝建立以后，继承了隋朝政府的藏书，同时从民间收购图书，命人整理、校勘、编录、收藏。在隋文帝、隋炀帝时期，朝廷都想在京城建造明堂，但都没有实行。因而很多图书一直缺乏系统性的整理，为此，唐玄宗开展了一场大型的图书整理运动。

起初唐玄宗的大臣名儒褚无量，认为内库旧书自唐高宗以来，一直藏在宫中，历时久远，逐渐丢失、损坏，奏请派专人缮写、刊校，以便弘扬经籍之道。这项建议深得玄宗赞同，于是下令在东都洛阳正式部署，设刊正官四人，褚无量为判院事，分经史子集校写内库图书，并大加搜写，广为采集天下异本，进行传写、收藏。经数年努力，四部经籍，得以充备。玄宗十分高兴，命褚无量等继续领导搜书、校书，从事编目、编纂书籍等工作。

张说等修撰的《封禅仪注》一书告成后，玄宗召集张说和礼官、学士等,赐宴于集仙殿。玄宗对张说讲:"今天,朕与卿等众贤才同宴于此,宜改集仙殿为集贤殿。"遂改丽正书院为集贤殿书院,并命张说主持院事。自西汉武帝以后,独尊儒术成为历代封建统治者普遍遵循的治国方略。收藏、整理经籍成为统治者尊孔崇儒的重要举措,也是统治者炫耀功德的重要标志。搜集、收藏、刊校、整理经籍成为朝廷的一件大事,形成了悠久的历史传统。很显然,改为集贤殿显示唐代统治者崇儒问道的精神和功德。

集贤书院经过乾元书院以来对图书的不断整理、补充,已经建立一套可观并较为系统的藏书。藏书种类丰富,管理规范。据《旧唐书》记载:"凡四部库书,两京各一本,共一十二万五千九百六十卷。"除分类典藏,为表明图书归属权,还正式启用了藏书印。藏书印的使用在唐代已形成制度,在图书保存方法上已与近代图书馆没有什么区别,这种做法至今在各大图书馆仍使用着。

「集贤殿书院门楼」

集贤殿书院作为典型的官办书院,书院内人员均由朝廷直接任免。作为皇家图书馆及国家的重要的学术研究机构,它同时还兼有咨议和举荐的功能。由于书院院长由宰相担任,管理人员在整理校勘图书、撰修史书工作中,比较注意发现和重视培养经世致用之才,并且有机会也有权力向朝廷举荐。学者们在整理典籍过程中,发现有利于治国安邦、社会教化的内容,他们也会向朝廷及时申报,为朝廷提供参考。所以集贤殿书院成为知识分子参政议政的重要场所。

> 丽正书院、集贤书院最初只是帮助皇帝了解经史子集,校理图书,侍读侍讲,征纳贤才,辨别邦国大典,以史籍为依据提供决策建议,这和后来意义上的授课讲学的书院有较大区别。所以说它不是作为"士子肄业之所"的教育组织。

然而,唐代的丽正书院、集贤书院与汉魏以来的秘书监、文德殿、文林馆、麒麟阁一类的朝廷馆阁,专为"修书之所"相比,有了一定发展,增添了侍读侍讲,以史籍咨询顾问的新职能,不能不说它已具备了特有的教育功能。特别是搜集、收藏图书和校理经书史籍等方面,极大地启发了社会上一批读书人利用藏书,在个人研读的基础上,发展成授徒讲学的教育新思路。因此,唐代官府创置的丽正书院、集贤书院,对于书院教育发展无疑也产生了明显的诱发作用,且为较早以书院命名的机构,此后所说书院也起源于此。

民间书院的出现

中国古代书院作为私学发展的产物,其更多带有私人性和民间色彩。唐代有些私人讲学读书的地方也称为书院。私人讲学在中国有悠久的历史。从孔子首创私学,到诸子百家率徒讲学,私学大盛,奠定了私人讲学的良好基础。秦代虽明令禁私学,而事实上私人讲学禁而不止,至汉代私人讲学更蓬勃兴起,并创立了私学的高级形式——精舍、精庐,是书院教育的前身,但还不是唐末五代以后的书院教育本身。

书院教育的本质特征是私人藏书聚徒讲学。民间或私人具备藏书条件,构成书院教育产生的前提。汉代以经术造士,大师立精舍,从学者至数千百人。汉魏以来的精舍或精庐,大师私人讲学皆由口授,尚不具备藏书条件。因而,精舍或精庐还不是书院教育,尽管宋以后有些典型的书院也有以精舍命名者,那只是表明后世学者对前世传统的崇尚或追慕,而不能证明精舍或精庐已经是书院教育本身。

唐代由于社会生产力的发展和科学技术的进步,发明了雕版印刷术,并迅速得到推广,为书籍的印刷制作提供了极大的方便。印刷业的发展,书籍的质量得到改善,使之数量大增。除了官方藏书的丽正书院、集贤书院之外,民间或私家藏书具备了较好的条件。唐中叶之后,各地民间或私人创建的书舍、书屋、书楼、书堂、书院之类的设施先后一批批地涌现。在官方丽正书院、集贤书院首先以书院命名为"修书之地"、"藏书之所"的诱发下,书院之名在民间或私人中更加广泛地流行起来。在唐诗中所提

开创新篇

到的书院除丽正书院、集贤书院之外，还有至少13所之多，细细品味诗中的书院，能让我们更好走进千余年前的奇幻世界。

杜中丞书院新移小竹
王建

> 此地本无竹，远从山寺移。
> 经年求养法，隔日记浇时。
> 嫩绿卷新叶，残黄收故枝。
> 色经寒不动，声与静相宜。
> 爱护出常数，稀稠看自如。
> 贫来缘未有，客数独行迟。

诗中有两点值得注意，一是环境建设。书院本无竹，主人从远处移来，不难看出，是爱其"色经寒不动，声与静相宜"的性格，而经寒不动、静处养性乃儒家本色，是一般士大夫追求的目标。此点透视出杜中丞已经懂得人性修养与自然环境的密切关系。二是书院与"山寺"的交往。佛家重形胜风景是众所周知的，如果不是过从甚密，要从其地挖走新竹将不易办到。小竹"远从山寺移"，说明儒佛两家的关系较为密切，书院、山寺必然有着交相影响。

同恭夏日题寻真观李宽中秀才书院
吕温

> 闭院开轩笑语阑，江山并入一壶宽。
> 微风但觉杉香满，烈日方知竹气寒。
> 披卷最宜生白室，吟诗好就步虚坛。
> 愿君此地攻文字，如炼仙家九转丹。

此诗有两点引人注目，一是江山并入轩廊，杉香、竹气满院。二是秀才在虚坛、丹炉间披卷、吟诗、攻文字，对于神仙家的道气、丹术必有一定程度的感知或体认。

石鼓书院，是"天下四大书院"中历史最悠久的书院，源于唐诗，其原名李宽中秀才书院。

题五老峰下费君书院
杨巨源

长江文明之旅·文庙书院

解向花间栽碧松,门前不负老人峰。
已将心事随身隐,认得溪云第几重。

诗的前一句,花间、碧松、老人峰,讲的是书院幽静的环境及其建设。后一句说明费君对于"安史之乱"后的现实世界已极为失望,只得归隐山林,寄情花木,以寻求身心平衡。"已将心事随身隐,认得溪云第几重",这是一个失魄儒士心态的真实写照,从小所受的教育,使这些儒士们具有强烈的社会责任感,而残酷的现实又将他们对理想的追求推于失败。这矛盾和痛苦,一方面使他们暂离现实世界的红尘,转到山水林石的"桃源",但又不致坠入天堂与神仙之境;另一方面,使他们返归经典原作,重新探讨修齐治平的方法和路径,进行新的理论思考和创造。这就是书院出现的深层文化背景。

「石鼓书院」

唐诗中所记载的书院几乎都是士大夫的私人读书之所,与一般的书斋性质相同。但它同时向社会开放,接纳朋友、学者、文人、墨客、道士、和尚,他们齐集其中游宴、就学、讲会、品诗、论文、研究著述、讨论时局,具有书斋所不可能有的广泛的社会性,成为公众文化活动的场所。从私家专有走向服务公众,是书院脱离书斋的关键一步,由此中国社会就产生了一种崭新而重要的文化机构,其后千余年,它一直承担着改造、更新、传递华夏文化理论的重担。

作为一种文化机构,唐代书院的内容包括藏书读书、游宴会友、吟诗作文、学术交流、教学授受、讨论政治、研究著述等,后世书院几乎所有的活动都能在这里找到源头。同时,书院虽是儒家学者聚集之地,但不避佛道。山寺、道观、书院连阁共泉,交相错处;僧侣、道人、儒生齐集一起,儒释道三者的相互沟通和影响,正是书院产生的思想文化背景。书院大多数建在形胜之地,幽静、秀美、宜人,风景似桃源。即便择址欠佳,也一定想法补救,栽花、植木、移竹、运湖石,改善环境。这些说明当时书院的建设者们已经意识到自然对人的陶冶之力,特别注重人与周围环境的协调统一。这里既有精舍、宫观的影响,更有"天人合一"的儒家追求。

除了唐诗之外，在唐代地方志中，我们至少还能翻检到40所书院建于唐代的记录。长江流域书院记载如下。浙江5所：丽正书院，九峰书院，青山书院，德润书院，蓬莱书院；江西7所：桂岩书院，景星书院，李渤书堂，登东书院，东佳书院，皇寮书院，施肩吾书院；湖南8所：光石山书院，邺侯书院（又名南岳书院），杜陵书院，李宽中秀才书院，韦宙书院，文山书院，卢藩书院，天宁书院；四川6所：青莲书院，张九宗书院，海棠池书院，凤翔书院，南溪书院，丹梯书院。可见，长江流域书院已超过半数。为了更清楚地反映地方志所载唐代40所书院的情况，附唐代书院分布图。

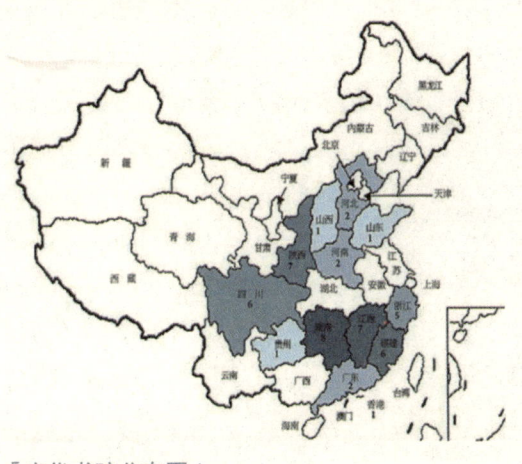

「唐代书院分布图」

其中张九宗书院是人们提得较多的一个书院，位于今天的四川遂宁县，由唐代进士张九宗创办。张九宗是遂宁本地人氏，被居官遂宁、建立州学的乔琳所赏识，推荐为州学学官，后来张九宗又登进士、入仕途，仕官多年，持节封侯，告老回乡后创立了书院。张九宗书院之所以为人注目，与它有可能是中国最早的书院有关，嘉庆《四川通志》说张九宗书院创办于唐贞观九年（公元635年），但是这种说法受到了专家质疑，因提携张九宗的乔琳并非初唐时人。因此，贞观二字疑为印刷时的错误，张九宗书院的地位也就大为可疑。同时代的李宽秀才书院，因为是日后声名大著的石鼓书院的前身而备受瞩目。

江南最初的书院

早期带有聚徒讲学性质的书院，常常是依托家族而起的。中国古代以宗法立国，先秦时期整个社会基础虽已不复存在，但宗法意识在唐代仍盛行不衰，士家大族虽经社会变迁、时局动荡的双重夹击而日趋衰落，民间聚族而居的大族仍屡见不鲜。一旦有几世或者十几世聚居在一个地方，不仅乡民以为难得，即便庙堂上的帝王也视之弥足珍贵，认为有示范天下的功用，常常赐封为义门。明代也还有一些义门，比如浙江浦江郑氏义门，十五世聚族而居，明太祖还专门赐"江南第一家"额，加以表彰。义门聚全族之力，且能长期存在本身即表明雄厚的经济实力，因而有能力创办供子弟读书的书院，早期的书院与家族的关系十分密切。唐宋之间，义门办的书院不算少，建昌的陈氏社平书院、祝氏的流芳书院，此类书院集族人之力，经济实力雄厚，影响较大，宋人杨亿把东佳书院、华林书院和雷塘书院的三所义门书院称为"江南三书院"。

「义门陈氏」

东佳书院创办较早，在唐大顺年间已经初具规模，为江州陈氏家族开办。江州陈氏是南北朝时陈宜都王陈叔明后裔，唐代从泉州迁到庐山，从此在江州世代合族同居。他们聚族而居，家族财产公有，相对公平的家族共同生活消费。陈氏家族里曾出任地方长史江州长史的陈崇笃信治家之道必从孝义始的儒家理想，专门订立了《陈氏家法三十三条》，规定了家族义居生活的各种制度，此后陈氏家族世代奉为圭臬，陈氏家族在唐僖宗时因数世义居而受到朝廷表彰，南唐时又被立为义门，宋初屡次受到朝廷嘉奖，直到宋嘉祐七年（公元1062年），由当时的宋仁宗下诏，聚居13世已有3000多人的陈氏家族才奉诏拆分为291庄，散处于全国各地。据说，现全世界8000余万陈姓中98%是江州义门陈的后裔，全国还有许多地方陈氏的门首写有义门世家的匾额，故有天下陈氏出义门之说。

东佳书院坐落在"群峦逶迤，起伏沧浪，泉流浩涌，飞瀑千丈"的东佳山下，这里环境清幽，风景秀丽，无车马之喧，无俗尘之染，是一个读书治学的好地方。"东佳左峙形胜一方甲第，源泉右绕泽流百代人家"，这副赞美东佳书院风景的对联，镌刻在两个四米高的石柱上，至今保存完好。书堂有院阁九幢，约30间。其中两幢傍西岭，三幢依南麓，四幢临东山。

集贤院是主建筑，院内堂庑数十间，亭榭分布其中。此外，还有礼圣殿、衮公亭、师寓、讲堂、试堂、书楼、赏莲亭、寄咏舒、望云庵等建筑，布局精巧，错落有致。如此规模宏大、美轮美奂的建筑群，为历代诗人所赞叹。

陈氏家族教育的最大特点是组织完备。它有书屋、书堂两个层次。书屋是基础教育，教化童蒙，供7～15岁的少儿入读。陈氏子弟在书屋毕业后，其中学习努力、成绩优秀的，方能入东佳书院就读并参加科举考试，东佳书院的高等教育性质开启了我国古代书院教育与学术紧密结合这一优良传统的先河。东佳书院有家法的保障与家族的支持。德安义门陈氏能聚族同居230余年，就是因为有独一无二的《陈氏家法三十三条》。该家法第八条、第九条提出创办书屋、书堂，对学生入学、选择教师、供应纸笔墨砚、书籍保管等都作了规定。因此，陈氏历位家长都重视教育，舍得投入，使东佳书院取得长久发展。陈氏家族设置学田作为书院的固定收入，保证了书院聚徒、聘教、教学、购书、藏书等各项事业的稳定发展。另外，东佳书堂突破了一般家塾较为封闭的性质，招收外姓子弟，实行开放办学。在扩大书院生源的同时，更提升了家族书院的影响，促进了书院的发展。

东佳书院开创了一代读书新风，取得了显著的教育成果，为朝廷培养了大批人才。唐宋时期，从书院走出了18位朝官（其中有3人担任过宰相），29个地方官，55位进士，陈氏"八英九才子"、"同榜三进士"更是传为美谈。而且，书院重视人伦教化，通过对家族子弟宗法伦理意识的培养，形成了"世守家法，孝谨不衰，闺门之内，肃如公门"的良好家风，使德安陈氏成为古代封建家族的典范。因此，唐僖宗、南唐烈祖、宋太祖、宋太宗、宋仁宗等皇帝先后褒奖陈氏为"义门"。

书院因声名远播、山水佳秀、藏书丰富，还吸引了欧阳修、朱熹、吕端、钱若水、黄庭坚、杨亿、苏轼等文人学士前来求知、讲学或游览，留下了300多件题词文章和诗篇。不仅文人墨客来，朝廷命官也蜂至沓来，史载12位宰相到过东佳书院，其中有寇准、陈尧叟、文彦博、吕蒙正、晏殊、李昉、宋琪。当时，有副对联生动地描述了这一盛况："接官厅内尽是进士博士大学士；迎宾路上又来侍郎礼郎尚书郎。"

提到对联，关于东佳书院还有这样的故事。北宋庆历四年（公元1044年），大诗人、大文学家欧阳修慕陈门文风之盛，跋山涉水来到东佳书堂游历讲学，受到东佳学子们的热烈欢迎。

一天，他讲完学，在东佳学子们的簇拥下，游览东佳胜迹。站在"一字园"高高的岩台上，他面对齐天削壁，峥嵘峭岩，高悬古松，层峦叠嶂。不禁吟道："奇峰巍峨，三岩突兀。一岩如堡，临空北悬；一岩如虎，伏颠东腾；中岩赤壁，陡然下坠。"秀美的东佳风景和人文大观增添了他的游兴。他又来到了永清潭，只见紫岩耸延，藤蔓碧绿，岩泉叮咚，飞瀑千丈。欧阳修兴奋不已，灵思涌动，雅兴大发。他对随同而来的东佳学子说："吾有一联，尔等能应对否？"接着，他用洪亮的溢满喜悦的声音吟出了上联："山石岩泉流白水。"

这个上联。抓住东佳胜景——岩泉飞瀑，巧拆"岩"、"泉"二字为山、石、白、水四字，以"岩"、"泉"为主并将山、石与白、水置于联中前后，巧妙铺陈，描写精当，颇有韵味。东佳学子们你望望我，我望望你，谁也对不出下联来。1000多年过去了，一直到今天，仍然没有人能对得出下联。在此提出，看读者是否能对出此联。

华林书院、雷塘书院均由义门所创，较东佳书院创立稍晚，但在宋朝都具有较大影响。如华林书院得到宋真宗赵恒的诗，即所谓的"金口赞"："一门三刺史，四代五尚书。他族未闻有，朕今止见胡。"

雷塘书院，是南康军义门洪氏家塾，由洪文抚所建，声名渐闻于南康军，后来连宋太宗也知道有这么一个书院了，派内侍赐御书百轴给洪文抚。由于与朝廷关系良好，书院生徒科第奏捷的不在少数，据说有一次科举，雷塘书院的生徒进士及第的超过10人，这可是个了不起的成绩。洪氏后裔洪师民，博学多才，进士及第后出任石州司法参军，娶了黄庶之女为妻，这黄庶乃是黄庭坚的父亲，洪师民就跟当时文

「华林书院」

名鼎盛的黄庭坚做了姻亲，二人常相唱和。洪师民重建雷塘书院，就请黄庭坚主讲于书院。

五代十国的书院

公元907年，唐朝权臣朱温废唐哀帝而自立梁政权，史称后梁。新政权的建立，不但没有结束数十年的战乱兵荒，反而开启了新一轮长达半个多世纪的分裂割据局面，北方后梁、后唐、后晋、后汉、后周五个王朝频繁更迭，南方吴、南唐、吴越、楚、闽、南汉、前蜀、后蜀、荆南、北汉十个小王国割据称雄，连年征战，中国社会进入一个更加痛苦黑暗的五代十国时期。战乱环境对文化传承与教育均产生很大影响，因而书院难以有较大发展。另一方面，战乱使得官学废弃，导致唐末战乱士子求学是一大社会问题，从而为书院萌芽发展提供一种可能。离乱中的士人或结庐山中以藏书聚徒，或读书林下以养性潜修，或出仕经世以救斯文于不坠。

某种意义上，官学不兴，使新生于唐代的书院因为得到了士人的特别关爱，而成为一个耀眼的闪光点。为避战祸，文化人大量迁徙到僻静山野之中以求自保，便出现两极分化。一是山野中的佛道两家，借此宣传其思想，广招信徒；二是士人自发组织建舍，讲学研习，独成一体。这就是后来很多书院的前身。如岳麓书院便可追寻到五代时期，当时岳麓山佛寺林立，到山中留宿文人也日益增多，山中和尚为文人另建书院，让他们食宿无忧，安心研习，会讲交流。五代十国的书院可以说是乱世中的一方净土。

> 五代十国时期的书院，继承唐制，仍然循着官府和民间两条路径发展。多数政权的中枢机构依然立有集贤院，设有学士诸职，其掌管刊印古今经籍，辨明邦国大典，以备顾问应对功能沿袭不变。

据文献资料统计，五代十国半个多世纪，民间书院共有13所，其中新建12所，兴复唐代书院1所，基本上仍在唐代书院分布的范围之内，其中江西有8所之多，仍以长江流域为中心。

最值得一提的是江西的匡山书院，后唐长兴年间里人罗韬在吉州泰和县东匡山下所建讲学之所，是我国最早书院之一。罗韬，字洞晦，一字晦夫。他在唐末五代乱世中"清修不仕"，后唐明宗时，以文学征拜为端明殿学士，随后无意仕进，回到泰和后，创立了匡山书院。匡山书院的创建，受到了当时朝廷的高度赞扬，后唐皇帝李嗣源为其颁赐院额，并发布敕书，大加表彰。匡山书院可以说是中国书院发展史的里程碑，是历史上第一个得到皇帝表彰的书院。这种表彰，意义非同小可。它标志着官方对民间书院的正式承认，书院从此具有了合法性。政府对书院的认同，进一步凸显其能"振国家之治体"的学校功能，它表明自唐代开始的书院教学活动经过两百余年的发展，已经得到了政府的肯定。至于罗韬"慨然以圣人之学为己任"，其影响深远，至宋明而不绝。事实上，匡山书院在宋元两代一直兴学不断，明清两代也有史迹可寻。

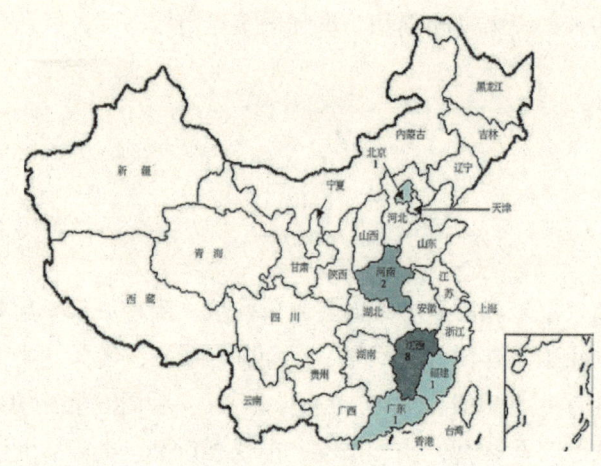

「五代书院分布图」

在中国书院发展史上，五代十国时期无疑是特殊时期，值得我们去关注。书院有史以来第一次得到官府表彰，且与唐朝书院读书治学不同，五代书院已经具备一定的学校性质，并且在传播文化和社会教化上发挥着重要的作用。此外，书院因躲避战乱，建于山野中，书院师生自食其力，开垦荒地以自救，开辟书院耕读时代。而后代书院田地多为官府赏赐和私人捐赠。可以说，五代书院创办者筚路蓝缕，开拓进取的精神值得赞扬，诚如钱穆先生在《五代时之书院》所称，它是黑暗中的一线光明，潜德幽光，必大兴于后世。

初具规模

两宋时期各地竞相建置书院,使得书院初兴,总数达到720所,是唐五代书院总和的10倍以上。两宋书院与教育、学术结合,形成魅力无限的文化人格特征,影响着中国一代又一代的读书人。

宋初，海内一统，战乱渐平，为文化事业发展创造良好的外部条件，而民生安定，文风日起，士子求学愿望也日渐强烈。但是，北宋王朝刚刚建立，统治者把主要精力都集中在军事、政治和财政方面，一时无暇顾及教育文化事业的发展，导致宋初的80年间官学没有任何发展，学校状况与唐末五代差不多，中央仅仅维持国子监与太学。官学不振，地方教育缺失，正是在这样的背景下，书院发展成为一种必然需求。为满足国民教育，一批有责任感的士人，纷纷担起培养人才、教育世人的职责，由私人创建的书院因此不断兴盛起来，许多求学者也都开始步入书院接受教育。

四大书院说

宋初，久乱初平，长期被战祸压抑的教育诉求开始喷发，而这时的政府却无力兴复唐代旧有的官学系统。于是，在满足教育需求的情况下，民间兴学的同时，北宋政府也采取了因势利导的文教政策，一方面大力提倡科举，成倍地增加取士名额，试图收尽天下遗逸；另一方面又大力支持渐兴的书院。太宗60余年的时间内，连续不断地通过赐田、赐额、赐书、召见山长、封官嘉奖等一系列措施对书院加以褒扬。

在一次次赏赐褒奖之后，书院不仅获得书、田、院额，办学条件也得到实质性改善，其声名影响等无形资产更是无法估量。在这一特定的历史条件，经过官民双方的共同努力，"书院之称闻于天下"，蔚然成风。新生于唐代的书院，至此完全夺得天下君臣官民之心，以声名显赫之势获得了社会的广泛认同。

> "天下四大书院"，是一个由南宋的书院建设者们提出的概念，其表述也有四书院、书院四、天下四书院、天下四大书院。但推究原因，它只是宋初书院影响之广、声势之大的代指，集中体现了宋初书院替代官学的作用，以及由此而被强化的教育教学功能。

最先提出"四大书院"说的是范成大。范成大是南宋著名诗人，做过参知政事,《宋史》上说他"素有文名,尤工于诗",作为一个以辞赋名世的儒士,对书院格外感兴趣。范成大游衡山,瞻仰石鼓书院,后来写成《骖鸾录·衡山记》,其中说:"天下书院四:徂徕,金山,岳麓,石鼓。"石鼓书院和岳麓书院在湖南;徂徕为石介所建,在山东徂徕山;金山即茅山,在南京,侯遗所建。很显然,诗人钟情于山,所列天下书院,皆与山有关。这是目前可见史料中关于"四大书院"的最早说法。

第二个提到"四大书院"的是吕祖谦。朱熹修复白鹿洞书院院舍时,为纪其事,请吕祖谦作《白鹿洞书院记》。受朋友之托,又同为讲学之人,提起"四大书院"的说法:"海内向平,文风日起,儒先往往依山林,即闲旷以讲授。大师多至数十百人。嵩阳、岳麓、睢阳及是洞(白鹿洞)为尤著,今所谓四书院者也。"按说范吕二人同处南宋前期,同为名人,同谈宋初四书院,相隔只有六七年时间,所说的四书院却是天差地别,所相同的仅有岳麓书院一家,反映在四书院的认同上人们还处在探寻阶段。

「应天书院,又称睢阳书院,应天府书院」

「"惟楚有材,于斯为盛"」

到了马端临,一生大部分生活在元代,但食元而不仕元,以宋遗民从事《文献通考》的编纂,做了个和事佬,折中调和一番。把白鹿洞书院、石鼓书院、应天府书院、岳麓书院称为"天下四书院",各取范成大和吕祖谦所提书院的两所。并且他还给出了理由:嵩阳书院和茅山书院虽然兴起较早,但后来衰微,不过对徂徕书院,他并没有给出理由。到明代,全祖望又将天下四大书院分为"北宋四大书院"和"南宋四大书院",以嵩阳书院、睢阳书院、岳麓书院、白鹿洞书院为"北宋四大书院",以岳麓书院、白鹿洞书院、丽泽书院和象山书院为"南宋四大书院"。这是又一种方式的折中主义,不过虽然是折中,其中也自有道理。北宋书院中，石鼓书院初创之后不久改为州学，其为书院的时间不长，而徂徕书院兴起较晚，于是也被排除。南宋书院中，显然以理学为标准，所选四书院：一是张栻主讲的岳麓书院，二是朱熹兴复的白鹿洞书院，三是吕祖谦所创办的丽泽书院，四是陆九渊主讲的象山书院。理学在有宋一代从草创开始，直到南宋末成为官方意识形态的主流，与书院结下了不解之缘，尤其南宋的著名书院几乎都是理学的重要阵地，而书院也是在南宋真正成熟，可以说，理学成熟了，书院也就成熟了。

「嵩阳书院」

四书院之说众说纷纭，但在南宋主要还是三种组合，即徂徕、金山（茅山）、岳麓、石鼓，嵩阳、岳麓、睢阳（应天府）、白鹿洞，白鹿洞、石鼓、睢阳、岳麓。三组共12所书院，除去重复，实际列名四书院者只有岳麓、石鼓、白鹿洞、金山、徂徕、睢阳、嵩阳等7所书院。四书院的说法之外，近人又有六书院、八书院之说。盛郎西在《中国书院制度》中说："宋初海内大书院实有六，石鼓、白鹿、应天、嵩阳、金山是也。"这是六书院的说法。陈登原写《国史旧闻》，又提出八书院的说法，"所谓四大书院，无宁为八大书院。石鼓一也，白鹿二也，龙门三也，嵩阳四也，岳麓五也，应天六也，徂徕七也，金山八也。"

不管是四大书院、六大书院，还是八大书院，各家所提到的书院实际上大同小异，因为时代与角度不一样，各个书院兴衰不同，以致有不同的说法，综合各家所提到的书院，大约有10所，基本上包括了当时宋代最有影响的书院，这些书院大多集中在长江流域一带，除睢阳书院、嵩阳书院和徂徕书院3所外，另外的七八所书院都在长江中下游地区，可以说是人文鼎盛，长江中游地带更是书院的集中地带，其中就有最具影响力的岳麓书院和白鹿洞书院。

在各种四书院说中，被大家共同指认的唯有岳麓书院一家。因此，我们说岳麓书院可以当之无愧地享受"天下书院之首"的美名。岳麓书院

初具规模

「岳麓书院内景」

位于湖南长沙岳麓山，原名岳麓山书院，以真宗赐额，始称岳麓书院，其前身是佛家和尚为儒家士人设置的读书场所，形成了一个略具规模的教育场所，岳麓书院就是在这个基础上扩建而成的。

岳麓书院在早期曾与佛寺有着密切的关系，恰好说明书院教育的产生和发展，曾借鉴和吸收了佛寺的某些经验。南宋淳祐末年曾任岳麓书院副山长的欧阳守道，从古碑中发现两名僧人慕儒者之道，割地建屋，购书兴学的记载。可见儒佛之间在唐末五代有斗争，也有融合之势，佛僧中也有人关心和仰慕儒家文化。这段历史恰是自晚唐以来开始的中国文化儒释道三家大融合的反映。

岳麓书院在北宋初年由潭州太守朱洞创办，增置图书，创立书院，设讲堂5间，斋舍52间，后任太守李允则加以扩建，修广舍宇，使书院肄业生达到60余人，还辟水田供春秋之祀典，形成岳麓书院讲学、藏书、供祀、学田四部分结合构成的基本格局，标志着强化了教育教学功能的书院规制的形成，促成了湖湘坚持兴学、发展文化事业的社会风气。

公元1012年，周式任岳麓书院山长，再度扩建书院。他是岳麓历史上的首任山长，也是中国书院发展史出现最早的山长之一。史书记载，他学行兼善，尤以行义著称，学生数百。3年后，宋真宗赵恒召见，拜周式为国子监主簿，留宫中讲学，给了一个普通的书院山长以极高的礼遇。然而周式心系岳麓，执意还山。真宗为其所动，赐内府书籍和"岳麓书院"题额。岳麓书院一时称闻天下，至此岳麓书院在全国的特殊地位完全确立。岳麓书院历经地方官员集公众之力多次修葺，又得到朝廷的支持，闻名天下，并发展成为湖湘一带的文化教育中心，被誉为"惟楚有才，于斯为盛"。湖湘之地历来人文荟萃，实得益于岳麓书院及由岳麓书院带动起来的湖南多所书院。

岳麓书院曾经盛极一时，但仍免不了时兴时废这个书院命定的规律。

南宋之初,岳麓书院遭到战火的严重破坏。公元 1165 年,潭州知州兼湖南安抚使刘珙因旧址复建,恢复了原有规划,并增山斋于堂北,作为山长居住之所,置风雩亭于院南,供门人游息,同时开挖濯缨池,并在江岸建造咏归桥、梅柳堤、船斋、浮桥,扩大了风景环境建设。

　　刘珙修复书院后,又请当时理学名家张栻主持。张栻是南宋初抗金名将张浚之子,跟从湖湘学创始人胡安国之子胡宏求学,为胡宏的大弟子。胡安国原是福建人,中进士后提举湖南学事,专讲《春秋》,后来就定居在湖南衡山之下,创办碧泉书院、文定书堂授徒讲学,把北方的理学传播到了南方,胡安国在当时就有极高名望,《宋史》中曾提到一段故事,说胡安国有一段时间曾充作宋高宗赵构的讲官,专讲《春秋》,当时有讲官四人,都想学胡安国的例子专讲一经,宋高宗不同意,呵斥那几个讲官:"别人的所谓通经,怎么能和胡安国相比。"胡安国的《春秋传》,后来与朱熹的《四书章句集注》一样成为科举考试的标准教材。明代全祖望在《宋元学案》中也对他评价很高,认为他是理学南传极为重要的人物。胡宏是胡安国的少子,很小就跟随其父接受理学思想,后来又师事"二程"弟子杨时和侯仲良,得传父亲的学问。

　　当时,胡安国父子躲避战乱,来到湘潭西南的碧泉一带,但见苍翠的丛林之下,水波清澈,水藻交映,当地人称之为碧泉,登高四望,

「碧泉书院」

北面是水波浩渺的洞庭湖,东面是奔流不息的湘江,再远就是南岳衡山,于是就在此安居下来,创办碧泉书院讲学,书院刚刚初具规模,胡安国就去世了,继续由胡宏主持。胡安国创立碧泉书院是为了潜心研究理学,自从到湘潭后,他在碧泉深隐不出八年,潜心研究《春秋》,直到在书院去世,胡宏继承父志,也把书院作为研究理学的基地。在衡山隐居达二十多年,胡宏终生不仕。当时的宰相秦桧倾慕他的学问,曾想启用他,胡宏也婉言谢绝,在深山之中埋头著述,潜心于儒学研究,终于建立了在宋代理

学中具有独创精神的学派，其学说对后嗣的理学振兴起到了承上启下的作用。张栻把胡宏的学说看作是道学之枢要，治理社会之根据。

张栻受胡宏的着力栽培，对理学的领悟较早，造诣颇深。以阐扬胡宏之学为己任，矫正以往读书仅为科举利禄、仅习言语文辞之工的习惯，提出了"造就人才，以传道而济斯民"的办学宗旨，以及体察求仁、辨别义利、经世致用的为学之道，深得士人之心，一时学者云集，使岳麓迅速发展成为湖湘学派的中心基地，而且声名远扬。《宋史》将其与朱熹并列于《道学传》中，可见其地位之高。张栻比朱熹小三岁，但在对理学的入门上却比朱熹更早，他与朱熹第一次见面是在京城临安，一见之下，相互之间都十分钦慕，张浚去世时，张栻赴京扶柩归葬衡山时，朱熹在隆兴迎候，登船伏吊柩前，然后再沿水路南下，送到丰城才回，两人在船中一起呆了三天，促膝长谈，朱熹对张栻的聪敏和学问修养都推崇不已。张栻主持岳麓书院后，吸引了大批湖湘子弟到岳麓来求学，岳麓书院因此声名复振，俨然是江南第一书院。

乾道三年（公元1167年），朱熹慕名不远千里自闽来访，居留岳麓、城南书院两个多月，与张栻讨论《中庸》之义，察识持养之序乾坤太极等有关理学的理论问题，当时讨论相当热烈，此次朱张岳麓会讲，意义重大。岳麓之会后二十八年，朱熹以湖南安抚使再到岳麓，大倡其已臻成熟的理学理论。朱张之学本来同出二程之源，相当接近，而且张栻的文集经朱熹整理后得以刊行于世，故朱熹此次兴学，使朱张之学成为岳麓书院的学统，而且历代以来皆受到尊崇，诚如元代理学家吴澄所称："自此之后，岳麓之为岳麓，非前之岳麓矣！"

南宋时期的岳麓书院不仅是湖湘学派的基地，形成了自己的学统，而且规制更加完备，有讲堂、藏经阁、宣圣殿等作为号称书院三大事业的讲学、藏书、祭祀的专门场地。学田最多时达到五十顷，其收入为书院的发展提供了足够的保证。张栻所定的办学宗旨以及以《白鹿洞书院揭示》为教条，标志着岳麓已经有了明确的教育方针。至于招生人数，乾道初建四斋居二十人，淳熙十五年（公元1188年）扩建二斋，增加十人，绍熙年间朱熹又设置额外生十员，常年居院人数达到四十人。实际上却还不止此数。朱张会讲、朱熹再次讲学时，慕名云集的生徒都超过千人，所以时谚有"道林三百众，岳麓一千徒"的说法。书院的管理制度也日趋完善，设置了山长、副山长、堂长、讲书、讲书执事、司录等职事，分管书院的教学、研究、行政等事务，比之北宋时期仅有山长一人的场面大为壮观。

南宋中期，随着湘西书院的重建，又恢复了潭州三学的体制，并保持到南宋末年。当元兵围攻潭州城时，岳麓、湘西书院的学生撤到城内州学上课。危急之时，师生登城共守，与军民一同抗敌。及至城破，诸生数百人多慷慨就义。至此，南宋的岳麓书院虽然悲壮地画上了句号，但彪炳于《宋史》《宋元学案》等文献的岳麓诸生英勇抗敌的事迹，则明确无误地告诉我们，南宋书院比之北宋的官学运动已经取得了巨大的成功。它所倡导的理学的普遍原则已经达到改变士气民风的深度。

三次兴学

经过近百年的休养生息和人民的辛勤开发，政权基本得以巩固，社会比较稳定，北宋的农业、手工业和商业都有显著发展，社会经济继盛唐之后，再次呈现出繁荣局面，也有必要对文教方针做出一定的调整。

宋初统治者为长治久安采取了一系列措施，兴文教、抑武事被确定为基本国策。宋初不断扩大科举登第名额。唐代科举每举不过10余人，最多不过二三十人。宋初开宝三年（公元970年）原只取进士8名。宋太祖赵匡胤见未及第者众多，决定将诸科十五举以上终场者106人，赐进士出身，使登第名额猛增十余倍。开宝六年（公元973年），太祖亲自在讲武殿复试落第举人，取诸科96人，皆赐及第，开宋代皇帝殿试先例。太平兴国二年（公元977年），宋太宗亲御讲武殿复试，取进士190人，诸科107人，十五举以上终场者184人赐及第，总额为500人，为科举考试以来所未有。宋太宗在位时，共取4500余人。宋仁宗共有13次举贡，登第者达14000余人，每举都在千人以上。

初具规模

> 宋初科举不仅及第者人数大增,而且及第后的待遇也很优厚。宋代取消了唐代科举登第者须再试吏部方可授官的制度,改为礼部科举考试,及第后直接授官,进士登第者不数年往往赫然显贵,名利双收,极富吸引力。读书人趋之若鹜,埋头苦读,一心追求功名。

宋初统治者积极鼓励和支持民间或私人办学,使书院得到良好的发展机会和条件。然而书院数量仍难以满足读书求学的要求,也很难满足朝廷的人才需求。而且民间或私人办学的教学内容、培养目标、教学的方法随意性很大,难于统一,也不利于人才培养。朝廷也已不像开国之初那样无暇顾及文教事业,现已完全具备恢复和发展官学系统的实力。因此,自庆历四年(公元1044年)开始到宋室南迁,这期间就开展了三次兴办官学的运动。正是在这种形势下,书院开始了其新的发展历程。

北宋第一次兴学,是宋仁宗庆历四年(公元1044年)由参知政事范仲淹主持的,史书称为"庆历兴学"。

对于当时的科举考试,朝廷或官府只管设立科目,以考试选人,而不在选考之先培养教育人。范仲淹早有不同意见,曾多次上书陈述,对重科举不兴学校提出批评意见。《上执政书》中明确提出固邦本、厚民力、重名器、备狄戎、杜奸雄、明国听等六大施政纲领。其中重名器的办法就是慎选举、敦教育。他尖锐批评不教育而只举人的科举制度,就好比农民不务耕而求实。他认为择而不教,久则乏人,贤才必定难以继出。所以朝廷和官府应把兴教育人放在第一位,然后才可望选拔有用之贤才。无奈那时他位卑言微,他的合理建议未被重视,当朝执权者都是既得利益者,极力反对他的主张,因此他的意见无法得以实施。

庆历三年(公元1043年)八月,范仲淹任参知政事,他近20年的夙愿才有实现的机会。他任职后的第一个建议就是《上十事疏》,提出10项改革方案,要求兴学育才,建议兴学校。范仲淹的建议,得到宋仁宗的支持,于庆历四年(公元1044年)三月下诏各州县设立学校,并由本道使者选属部官为教授,遇有不足再聘请乡里宿儒有道业者充任。

范仲淹的教育改革主要有三项内容:一是通过兴办学校来培养人才,

下令州县立学,并改进了太学与国子学,主张参加科举考试的人须先接受一定时间的学校教育,如一般考生须在学校学习300天以上才准许参加科举考试。二是改革科举考试制度,规定科举考试先考"策",次考"论",再考"诗赋",废"帖经"、"墨义",一改过去重视死记硬背的考法。三是创建太学并改革太学教学制度,推广著名教育家胡瑗所创立的"苏湖教法"。

兴学运动取得明显成效,朝廷和官府重视兴办官学,读书士子增强了入官学读书的积极性,官学得到发展。据记载,兴学不久,国子监生员由70人增至300人,讲官博士也增10余人。各讲官分经教授,中央官学得以扩充和改进。为了满足生员不断增多的需要,又扩充国子监房舍,还把锡庆院拨给国子监做讲殿。地方官学也得到迅速发展。

然而不久,由于统治集团内部斗争激化,范仲淹在斗争中失败,并以朋党之嫌,被斥离职,更由于兴办官学,经费大量增加,而朝廷财政困难,难以维持兴学费用。于是,原来反对兴学、反对改革科举的舆论再次响起。宋仁宗迫于这种压力,下诏取消。入学日限被取消,锡庆院也重新收回。地方官学虽未明令取消,但有些地方官吏只为贪图崇儒之名,敷衍应付,地方官学多流于虚设。更有些地方官吏借兴学四处搜罗民财,败坏了官学声誉。读书士子入官学求升迁的愿望难以实现,竟有人把入官学视作混饭吃的场所。

第一次兴学运动就这样,宣告失败了。

北宋第二次兴学,是在熙宁和元丰年间,王安石执政时发起的,称为"熙宁兴学"。

「王安石塑像」

王安石亲眼看到北宋王朝的内忧外患,国力衰竭,人才不济,遂产生了教育兴邦、人才救国的思想,立志改革科举,兴办官学,培养有用人才。他在嘉祐三年(公元1058年)范仲淹兴学失败的前夕,写了长达万言的《上仁宗皇帝言事书》。王安石认为,天下之乱在于不知法度,而欲求革新,又苦于人才不足,而欲得人才必须使陶冶得其道。他详细论证了教之、养之、取之、任之的一整套办法,提出关键是改科举,兴学校。

熙宁二年(公元1069年),王安石任参知政事,即着手实现他的主张,变风俗,立法度,改科举,兴学校。熙宁四年(公元1071年),创立太学"三舍法",将太学生增至1000人。"三舍法"把太学分为外舍、内舍和上舍三个程度不同、依次递升的等级。初入太学者,为外舍生,每月考试一次,每年举行一次升舍考试,成绩获得第一、二等者,再参酌平时行艺,升入内舍学习,为内舍生。内舍每两年举行一次升舍考试,成绩为优、平两等者,再参酌平时行艺,升入上舍学习,为上舍生。上舍每两年举行一次考试,考试方法与科举考试"省试法"相同,太学学官不能参与,而由朝廷另委考官主持。成绩评定分为三等:平时行艺与所试学业皆优为上等,一优一平为中等,全平或一优一否为下等。上等者免殿试,直接授官;中等者免礼部试,直接参加殿试;下等者免贡举,直接参加礼部试。"三舍法"是在太学内部建立起严格的升舍考试制度,对学生的考察和选拔力求做到将平时行艺与考试成绩相结合,学行优劣与对他们的任用相结合,这有利于调动学生学习的积极性,提高太学的教学质量。同时又把上舍考试与科举考试结合起来,融培养人才与选拔人才于太学,提高了太学的地位。这是中国古代太学管理制度上的一项创新。

「王安石纪念馆"革故鼎新"牌匾」

熙宁兴学,除改革太学之外,还设立武学,讲习诸家兵法;律学,讲授法律律令;医学,讲授医药病理。总之,是为了更多地培养应用型的人才。王安石编撰《三经新义》,对儒家经典《诗经》《尚书》《周礼》三经重新训释,书成后颁发给太学与诸州府学作为统一教材,规定各级各类官学必须以他亲手修订的《三经新义》为必读教材。此外,王安石还对科举考试也进行了改革,曾下令废除了明经诸科;进士科考试,试以经义、论、策,不再考诗赋、帖经、墨义。

元丰元年(公元1078年)通令各州、路、府设学官53员,加强兴办地方官学的专职机构和人员。将兴学运动推及全国各州、路、府。元丰二年（公元 1079 年）正式颁布《太学学令》共 140 余条，太学生增至 2400 余人，学舍 80 斋，每斋容纳生徒 30 人。兴学经费也有所增加。

> 这些措施，都是为了发展官学。而熙宁、元丰年间的太学、各类专门学和地方各级官学也确实得到很大程度的改善和发展。特别是大胆实施太学"三舍法"，将学校教育与科举考试并轨，这一大胆的尝试，其成功与失败都值得总结。

随着王安石变法的失败，他的教育改革也失败了。自元祐至元符末，旧制一一恢复，第二次兴学运动又告破产。

北宋第三次兴学是在崇宁元年（公元 1102 年）蔡京执政时发起的，史称"崇宁兴学"。

蔡京任尚书右仆射，秉承徽宗旨意，希望继承熙宁新法来挽救北宋统治危机，恢复和发展了"熙宁兴学"的某些措施。其主要内容有三项：第一，全国普设地方学校。第二，建立县学、州学、太学三级相联系的学制系统。规定县学生考选升州学，州学生每三年根据考试成绩升入太学不同的斋舍。成绩上等者升上舍，中等者升下等上舍，下等者升内舍，其余升外舍，这种学制系统对后世产生了一定影响。第三，新建辟雍，发展太学。辟雍也称为"外学"，作为太学的外舍。第四，恢复医学，创设算学、书学、画学。第五，罢科举考试，改由学校取士，这是对取士制度的重大改革。

崇宁元年（公元 1102 年）八月，蔡京下令全国兴学，十月建辟雍，可容纳生员 3000 人。崇宁三年（公元 1104 年）续增州县生员名额，规定大县 50 名，中县 40 名，小县 30 名。有的县竟多达 1000 余人。地方官员兴学有功者受奖。如建州蒲城县县学生员达 1000 人，县丞徐秉哲因此受奖，特升一级。办学不力者即受罚。

崇宁兴学，在中央官学基本上仍沿袭王安石的太学"三舍法"，进一步扩大中央官学的规模，增加生员数额。崇宁兴学的重点在发展地方官学。府、州、县学普遍设立，并且形成比较稳定的体制和规模。但由于地方官员办理不认真、不得力，更由于经费有限，许多地方官员以兴学为名，聚敛民财，强行摊派学额，索取粮钱，遭到强烈反对，最终地方兴学也多流于形式。

　　三次大规模的兴学运动，从朝廷到府、路、州、县各级官府致力于振兴官学，文教建设的方针和工作重心转向兴办官学。从中央官学到地方官学都得到一定程度的发展。但兴办教育的全部经费都由朝廷和地方官府负担，实难得到保证。因此，除了统治集团内部斗争之外，经济上力不从心也是造成兴学不力从而归于失败的原因。

　　北宋三次兴学，从中央到地方各级官府均致力于发展官学，对民间或私人办学很少顾及，民间或私人创办的书院，朝廷和地方官府也很少过问。结果，宋初一度兴旺的书院在兴学运动中反而日渐沉寂了。

　　宋初的著名书院，如白鹿洞书院、岳麓书院、嵩阳书院、睢阳（应天府）书院、石鼓书院、金山（茅山）书院等，差不多都得到朝廷的赏赐，也因此名闻天下，扩大了社会影响。但自庆历兴学以后，直到宋朝南迁，几乎未见一代皇帝对任何一所书院赐书、赐额、赠田、赠屋之举。虽然从未采取过任何限制或约束书院发展的措施，实际上不闻不问，等于冷落了民间或私人办学，冷落了书院，客观上影响了书院的发展，削弱了书院的社会影响。

　　三次兴学为了保证官学的发展，分别采取了一系列有利于官学发展的措施。例如：第一次兴学规定：应科举者须在官学读书300天；第二次兴学实施太学"三舍法"，以官学的考试升舍取代科举应试；第三次兴学对地方官兴学有功者奖，兴学不力者罚。这些措施不仅把各级官府的注意力引向了兴办官学，更重要的是将读书士子拉进官学读书。只有热心官学者才能受奖，热心私学或书院者不仅难得奖赏，反而会有兴办官学不力的嫌疑，各级官府自然也就无心关心私学或书院。读书士子只有入官学读书才可能获得应举资格，获得晋升的机会，自然也就不愿再空守山林入书院求学自修了。这也是造成书院长期沉寂的原因所在。

　　在三次兴学运动中，一批名宿硕儒先后被中央或地方官学聘任，主持或掌教于各级官学，如胡瑗、周敦颐、程颢、程颐、李觏、张载等。这也扩大了官学的影响，提高了官学的声誉，吸引了更多的读书士子入官学读书受教。

　　三次兴学的意图在于振兴官学，纠正或弥补科举考试的弊病和不足，并非有意抑制书院的发展。但朝廷重在兴办官学，减少了对书院的关注。而官学在一定程度上的发展，缓解了读书士子"无所向学"的矛盾，书院处于自生自灭、少有人过问的境地，从而导致了北宋书院长期沉寂。三次兴学未必造成书院尽废，有些书院废毁也不一定全与兴学有关，但在长达80余年的三次兴学运动期间，书院确确实实是沉寂了。

> 兴学运动与书院的沉寂是北宋教育发展史上的极富思考价值的教育问题。它提醒人们，特别是主持教育决策和指导责任的官府，怎样处理好官学与私学的关系，特别是在文教建设方针和工作重点转移时，如何避免顾此失彼，是很值得思考的。

兴学运动客观上造成书院沉寂，但沉寂不能说尽废。北宋书院从数量上看，从庆历兴学至北宋末的书院和宋初相比还是有所增加，部分地区增加的数字还不算少，例如：江西共有书院40余所，建于庆历兴学以后的约占3/5；浙江共有书院30余所，建于庆历兴学以后的约占80%；湖南共有书院10余所，建于庆历以后的约占60%。但宋初只有40余年，庆历以后的北宋有120余年，相当于宋初的3倍，而且宋初战乱仍未平息，社会经济生活遭受长期破坏，在百废待兴、百业待举的局面下，书院发展到近40余所，确属兴盛之势。庆历兴学后的百余年，社会相对稳定，经济有所发展，书院发展有了更好的思想文化条件和经济物质基础，却只建书院不足百所。关键在于朝廷的政策导向，重视了官学而忽视了书院，书院与官学相比，北宋中后期的书院与宋初相比，明显地呈现出沉寂之状。

考察书院发展的态势，不仅看其数量多寡，主要看其在社会上的地位和影响。庆历兴学前书院和其他形式的民间或私人办学影响极大，几乎成为当时教育的主导形式，对教育发展起着支配作用。而庆历兴学后，各级官学明显地成为教育的主体，书院的地位和影响大为下降了。所谓书院沉寂正是指其地位和影响不像宋初那样显赫了。北宋兴学期间和兴学运动之后也建有一些书院，但无太多特色，无太大的影响，都不如宋初的书院那样闻名于世。宋初闻名于世的著名书院在兴学运动之后也再未显示其辉煌业绩，有的甚至多次遭废弃之祸。

范仲淹与"宋初三先生"

"先天下之忧而忧,后天下之乐而乐"这一千古绝句,传唱千年,正是出自范仲淹的《岳阳楼记》,岳阳楼也因此名扬天下。

范仲淹,为官清正,以天下为己任,很多人所不知道的是他与北宋书院乃至理学兴起的渊源极为密切。在宋初名臣中,范仲淹最着力于兴学,所到之处多兴办州学和书院,宋代官学的兴起最初就与他有关,他对满腹经学的儒士也特别推重,这可能与他自己推崇儒学有关。

范仲淹居应天府,时晏殊为南京留守,闻范仲淹有才名,就邀请他到府学任职,执掌应天府书院教席。范仲淹主持教务期间,勤勉督学,以身示教,创导时事政论,每当谈论天下大事,辄奋不顾身,慷慨陈词,当时士大夫矫正世风、严以律己、崇尚品德的节操,即由范仲淹倡导开始,书院学风也为之焕然一新,范仲淹声誉日渐为人所知。

范仲淹继承和发展了儒家正统的教育思想,把兴学当作是培养人才、救世济民的根本手段。博通六经,尤长于《易经》,常有儒士与他交往问学,他手执《易经》为之讲解不倦,并且将其薪俸供给四方游学之士,而他自己的孩子却由于无钱置办衣物而共用衣服。庆历年间主政时,范仲淹再次提出复古兴学校,着力改革科举考试制度,完善教育系统,加强学堂管理,各地亦奉诏建学,地方学堂如雨后春笋般涌现,当时人们称为"盛美之事"。为此,《宋史》称宋代巨儒士子大多出自他的门下一点不假,其中胡瑗、孙复、石介"宋初三先生"都是范仲淹门下的贤士。

关于孙复与范仲淹,有这样一个故事。

范仲淹在应天府掌学时,有一位孙秀才向他求助,范赠与千钱。到了第二年,孙秀才又来了,范仲淹又给了千钱,

「范祠堂」

就问他："我看你的相貌言谈，不像是以乞讨为生的人，为什么这样四处求助而荒废了自己的学业呢？"孙秀才满面戚容，答道："家贫母老，无以为生，小生是个读书人，不谙生计，因此只好奔波度日。"范仲淹很同情他，就为他谋了一个学职。孙复大喜，于是范仲淹给了他一本《春秋》，孙复从此就在应天府书院日夜苦学，一年后，范仲淹离开了应天府，孙复也辞归山东，终于成为当时著名的学者、教育家，成了"宋初三先生"之一。

孙复一生勤于治学，研究周孔之道，曾任秘书省校书郎，国子监直讲，官至殿中丞，后退居泰山，研究《春秋》一书，学者称之为"泰山先生"。孙复在泰山很受石介的推崇，而石介在学界有声望，他对孙复执弟子礼，以孙复为师，从而使孙复很快名扬天下。

石介，山东泰安人，因他曾在家乡徂徕山下讲学，所以学者称之为"徂徕先生"。石介26岁中进士，是"宋初三先生"中唯一一个经科举考试进身的人，曾任国子监直讲，官至太子中允，41岁即辞世，是"三先生"中寿命最短的一位。英年早逝，令后世为之叹息。

范仲淹在应天府书院掌学。石介来此从范仲淹学，受其教育和影响颇深，

「石介」

这为他此后能够在比较年轻的时候就得中进士、成为北宋初年重要的思想家奠定了良好的学识基础。并因为有这一段从学范仲淹的经历，石介在心里把范氏当成自己的道德和学问之师与益友。由于庆历新政，石介积极响应，赞革新派，贬保守派，成了范仲淹改革的积极支持者。指责反对革新的夏竦等人为大奸，由此也埋下祸根，以至于死后都差点被开棺验尸。

与此同时，石介还创建了徂徕书院，徂徕书院还被诗人范成大称为"古代四大书院"之一，徂徕书院还是北宋初年山东境内最早、最著名的书院。此外，石介还是"泰山学派"创始人，他关于理、气、道统、文道等论述对"二程"和朱熹等影响甚大，有开宋明理学之先声的说法。

范仲淹对"宋初三先生"中的胡瑗也有知遇之恩，景祐元年（公元

初具规模

1034年）范仲淹知苏州，奏请立州学，并得苏州南园之地，本想自建宅第，请阴阳家卜地，阴阳家称这个地方建宅将多出公卿，范仲淹于是献地为州学之所，说道与其自身家中出公卿，不如天下之士在这求学，所出公卿无穷无尽，并聘请吴地一带的名师胡瑗主讲教席。

> 胡瑗是北宋时期的著名思想家，因世居陕西路安定堡，故人称"安定先生"。胡瑗自幼聪明有才俊，十三岁通五经，一生多次应试不第。后经范仲淹引荐，以不惑之年和布衣的身份，谒宋仁宗，甚得赏识，授校书郎，尔后为湖州教授。六十岁时，被招至京师，任光禄寺丞、国子监直讲，居太学，名重天下。

胡瑗在州学和书院的教学方法在中国教育史上大为有名，称为"苏湖教法"。汉唐以来，中国的学校教育都以经书、辞赋为主要教学内容，重视训诂注释和声律文词，其缺点是无法了解圣贤之道，且忽视个人的道德修养，更不能有治国安邦、论理主事的真实本领。胡瑗一改几百年来的做法，在他所主持的学校里分经义和治事两斋。经义斋选择可任大事的生徒，教之以儒家经典，培养学术和道德修养，日后可充当朝廷高级官员，为朝廷出谋划策；治事斋是培养专门人才的地方，主要学习军事、民政、农田水利、测量计算等，学生可先确定一个主修学科，然后再选一个副科，一主一副，可使学生学得广、深、新、活，扩大知识面。这种经义与实践并重、因材施教与学友互相切磋相结合的方法，大大提高了太学的教学质量，改变了当时空洞的教育内容和形式主义的学风，对后世产生了深远的影响。

「胡瑗塑像」

胡瑗的教学目标推崇儒学的道，注重"明体达用"。仁义礼乐，在儒家看来是千古不变的。只有这样才可以齐家治国平天下，下以泽润百姓，上以辅佐帝皇。胡瑗所摒弃的正是汉唐以来的声律浮华之词，宋代开始注重儒家经义的风气从此略开，理学的兴起之门已经开启。

胡瑗对教学之法有自己的心得，规章制度详备无遗，而且他自己也以身为教，即使是盛夏的大热天，也必公服坐堂上。他爱护生徒如自己子弟，诸生也敬重他，视之如父兄，跟从他问学求教者常有几百人之多。庆历年间，宋代的太学也取法胡瑗的"苏湖教法"，胡瑗本人不久也到了国子监，出任国子监直讲，也是由范仲淹推荐。游学之士纷纷求学，连国子监也容纳不下，只好借用旁边的官舍。

胡瑗、孙复和石介生于北宋初期，为同时代人，且志趣相投，关系密切。范仲淹执政后，他们先后被延请到京师太学任教。北宋初期，雄踞北方的辽国对宋虎视眈眈，封建专制统治者急需一种具有强大生命力的理论来巩固封建皇权，加强集权统治。隋唐时期由于官方的提倡，佛道发展很快，大大冲击了儒家思想在这一时期的作用和影响。思想上所出现的混乱，使得一些士人知识分子走向了分化，有的尽管跻身官场，但所作所为偏离了儒家的治国平天下的人生轨道，儒家传统的入世济时的人生理想渐趋衰微；有的士人受佛道思想影响，干脆隐迹山林，远离世俗社会生活，过起闲云野鹤的逍遥日子。这种状况引起了一些儒家知识分子的极大警觉。他们充分认识到佛道思想对封建统治的危害，从思想上对佛道发起了攻击，以维护儒家道统，唐代的韩愈、柳宗元是这方面的杰出代表，"三先生"不甘心儒学的这种被动局面，继承他们的衣钵，为了恢复儒学，展开了对佛道的批判，他们以振兴儒学为己任，宣传儒家纲常伦理道德思想，全力维护儒家道统，积极从事儒学教育实践，在北宋复兴儒学的努力中作出了较大贡献，对于程朱理学的形成具有重要的开启作用。

总而言之，范仲淹身体力行，足迹所涉，无不兴办学堂，教泽广被；晚年又设义田、建义学，对族中子弟实行免费教育，激劝读书之美，范氏义学在教化族众、安定社会、优化风尚上取得了巨大成功，开启了中国古代基础教育阶段免费教育的新风尚。

"宋初三先生"是汉宋学术转型期间开风气的关键人物，"宋世学术之盛，安定、泰山为之先河"。胡瑗、孙复、石介在北宋初期佛道尚兴的情况下，认识到了佛道对儒家思想的影响及其危害，一方面排斥佛老，宣传儒家道统；另一方面又积极利用佛老思想改造儒家思想。经过长期艰苦的努力，终于形成了一种影响中国近千年的三教合一的观念形态，这就是宋明理学。尽管"宋初三先生"并非鸿学大儒，但其在当时思想界的地位及其对宋明理学的形成发展所起到的开启作用与影响不容低估。孙复、石介在泰山兴办书院，讲授儒学，对后世影响也很大，尤其是书院教育这一形式对理学的发展与传播产生了深远影响，后世理学家多以书院为依托进行学理的阐发研究和教育宣传，程朱理学的兴盛和南宋书院教育的极大发展与三先生的兴学传道有着难以割舍的联系。

濂溪先生周敦颐

宋人黄震曾说："宋兴八十年，安定胡先生、泰山孙先生、徂徕石先生始以师道明正学，继而濂洛兴矣。故本朝理学虽至伊洛而精，实自三先生而始。"所谓濂即周敦颐，洛或伊洛即是程颢、程颐兄弟。说到理学和书院，周敦颐和"二程"三人是绕不过的。

> 北宋哲学家周敦颐，字茂叔，是今湖南道县人，晚年定居江西庐山莲花峰下，以家乡营道之水名"濂溪"来命名堂前的小溪和书堂，故人称濂溪先生。周敦颐是我国宋明理学的开山鼻祖，被誉为"孔孟后一人"，在东南亚被誉为"亚圣"。

虽然他被后世公认为理学开山祖师，但他在有生之年并不为大多数人所知，这与初起的理学的影响力颇为相符。在他的时代，科举取士还是崇尚辞赋之学，生花妙笔下的华丽辞藻是进士及第的通行证，周敦颐本人没有参加科举，他十四岁时，进士出身并做过知县的父亲病逝，他随母投奔舅父郑向，郑向是朝廷的龙图阁学士，见周敦颐有远器，爱之如己子，努力栽培，他以他舅父郑向之荫，奏补为将作监主簿。从他留给后世明显过于简洁而缺少华丽辞藻铺陈的文字来看，他与科举是格格不入的。也许因为不是从进士出仕，他仕途不顺，一直只是个中下层官员，做过几任知县，后来当过人微言轻的驾部员外郎、虞部郎中等官员，与当时风云一时

「周敦颐」

的一些名臣硕儒相比，可以说是名不见经传，一如理学在当时不被人看重一样。当时只有黄庭坚、苏轼等人曾对他加以褒奖，甚至他的弟子也很少提到他，他的得名以及地位的确立，还是南宋朱熹和张栻竭力推崇的结果，那是百年之后的身后事了。

周敦颐一生重德治、倡正气、主廉洁、讲官德，以仁为己任，对后世产生了广泛影响。他在为官、为人、为心方面的风范值得后人学习和借鉴。

为官洁廉，真廉士风范。

周敦颐24岁任洪州分宁县主簿，踏上仕途，到56岁辞去南康知军而归隐，为官30多年。官阶不甚显达，多是任地方官吏，如主簿、知县、通判、提点刑狱、知军等，主要是做司法工作。周敦颐虽然长期任地方官吏，但是丝毫没有染上官场上贪污敛财的恶习，在历史上留下了清廉的好名声。

周敦颐始终不改儒士的本性，始终不泯灭人性中的善良，始终不放弃对圣人之道的执著追求，很值得后人特别是为官从政者深思和效法。

为人正直，真君子风范。

周敦颐不仅为官清廉，而且为政勤勉，为人正直。他的活动范围一直是在长江中游一带，一生先后在江西、湖南、四川等地多处为官，在史书留下了"政事精绝"、"宦业过人"的良好评价。难能可贵的是周敦颐从政为人能做到刚正不阿，不畏权贵，不图虚名。

为心至纯，真名士风范。

周敦颐从小喜爱读书，信古好义，志趣高远，博学力行，有古人之风。黄庭坚对他一生的评价是：不贪图获取名声而锐意实现理想，淡于追求福禄而重视得到民心，俸禄微薄而让孤寡获得安乐，不善于迎合世道而崇尚历代贤人。周

「濂溪故里」

初具规模

敦颐的高尚品行操守，仙风道骨，名士风范，缘于他内心的淡定执著，至善至纯。

周敦颐的学说和至善至纯的内心世界在千古名作《爱莲说》中得到了完美的结合和体现。他之所以爱莲，笔者以为原因有三：一是莲花对于先生的学说具有象征的意义。他是理学的开山鼻祖，而理学是糅合了儒教、佛教、道教的理论，三家合一而形成的一个新的思想流派。莲花在佛教和道教中都占有很重要的地位，比如佛教里观音菩萨的底座是莲花宝座，道教称莲花为仙花。莲花的美与洁与儒教重视个人的修身养性的传统观点相吻合。用莲花来比喻人品的高洁，在中国文化史上周敦颐是第一人。二是莲花很好地隐喻了人与社会环境的关系。理学的核心是强调人要通过自我修养从而达到心性自我完善的境界。但人的心性不可避免地会受到社会环境的影响。在这里，周敦颐实际上是借莲花深刻地阐述了人与社会的关系，强调了人的主观能动性。三是莲花明确表达了周敦颐的价值取向。把牡丹、菊花、莲花三种花进行比较，实际上是在对不同的人格和价值取向进行比较并进行取舍。牡丹花隐喻的是一种对世俗名利追求的价值取向。菊花隐喻对社会责任的淡化。莲花，洁身自好，不浮华，不俗气，正好吻合了濂溪先生主张积极入世又不受尘世污染的观念。所以《爱莲说》最后作了明确选择：让众人去爱牡丹，让陶渊明去爱菊花，周敦颐独爱莲花。《爱莲说》乃至濂溪文化中重视价值取向，重视心灵净土、精神家园的培育，重视对理想的执著追求，正是其宝贵的价值之所在。

周敦颐在洪州分宁作主簿时，常与学者往来，并择地讲学，延四方游学之士，后来求学者多了，就开创书院，内有楼台亭阁，四周护以围墙，当时没取名字，后人称之为景濂书院。五年后又到萍乡县监税，又创立了宗濂书院，从学之人很多。再后来又在赣州与赵抃一起建青溪书院讲学。这时候的周敦颐，学业已经大成，日后他在的《太极图说》《通书》里的思想，在这时都已开始形成。

周敦颐任江西大余的南安军司理参军，当时南安军的通判是程珦。程珦看出周敦颐是个博学之人，不是凡夫俗子，交谈之下，果然是个潜心于儒家的的人，于是叫他两个儿子程颢、程颐拜周敦颐为师。程颢和程颐，后人又称其为"二程"。"二程"都是北宋理学大家，当他们跟从周敦颐求学时，两人都还小，一个十五岁，一个十四岁。周敦颐对二人很看重，手作《太极图》，教授给他们。《太极图》是周敦颐对理学宇宙论，或者说是本体论的独到之见，学者一般认为源出于北宋初的道士陈抟，后来又有人考证认为其源出于道教系统的《无极图》或《太极先天图》。除《太极图》之外，周敦颐还有一个作为解说的《太极图说》，极其简短，但却是日后在儒家书院中广为流传的。之后，这段简洁文字还引起了朱熹和陆九渊的一场大争论。

周敦颐与"二程"的师徒缘分并不长，仅一年多的时间，三人在同游万安县并讲学于万安的云冈书堂后不久，三人就分开了，后来"二程"很少提到周敦颐。按周敦颐的个性，他对"二程"的做法应该是深表嘉许的。他不求闻达，一辈子安于州县小吏而恬然自得，处事超然，胸怀洒脱，有仙风道骨，喜爱山林。据说他住处的窗外杂草丛生，却从不去锄掉。别人问他为什么不把杂草清理一下，他回答说："与自家意思一般。"草与人在他眼里是一样有生命的，他对草尚且如此看待，不难想象他对人与事的态度了。

周敦颐一心想着创建书院讲学。与"二程"分开后，又先后在湖南郴县、江西南昌、四川的合川等地作地方官，每到一处，仍是热衷于建书院讲学。嘉祐六年（公元1061年），周敦颐路经庐山，爱庐山之胜，决意日后在此定居。周敦颐晚年致仕退休后一直定居于此，修建濂溪书堂，成为最早的真正意义上的宣扬理学的书院，继其后的是"二程"主持的北方的嵩阳书院和伊川书院。在周敦颐故去世之后，随着"二程"对他的哲学思想的继承和发展，他的名声也逐渐显扬。南宋时，学者胡宏对其理学加以尊信，理学集大成者朱熹对他评价很高，称他为"道学宗主"，名声逐渐大起，汝城、九江、道州、南安等地纷纷建濂溪祠来纪念他。到理宗时，从祀孔子庙庭，确定了周敦颐的理学开

「濂溪祠」

山鼻祖地位。南宋以降的历代很多儒家学人都到濂溪书堂瞻仰凭吊，后来朱熹门人、知州赵崇宪重修书堂，改名为濂溪书院。再到元明两代，以濂溪书院为名的书院已经遍布江西、湖南各地。据地方志记载，仅江西各地书院名称与宋儒周敦颐有关的有10余处之多，以濂溪命名的就至少有6所，还有景濂、宗濂、清濂等，可以说是江西书院史的较为普遍的现象。

「濂溪书院」

二程理学

"二程"，即程颢和程颐，河南洛阳人，他们的学说也称为洛学，与同时代的张载所创的关学颇有渊源，二者理学思想对后世有较大影响，南宋朱熹正是继承和发展了他们的学说。程颢，字伯淳，又称明道先生。程颐，字正叔，又称伊川先生。二人都曾就学于周敦颐，并同为宋明理学的奠基者，世称"二程"。

提到"二程"，先从其母的教育谈起。"二程"的母亲侯氏是山西盂县侯道济的女儿，侯道济为侯家名儒。自幼侯氏好读书史，常与其父谈论治国之道。侯道济常感叹恨其非男儿。侯母深知母亲在教育孩子方面的作用，她曾说："子之所以不能成才，在于母蔽其过，而父不知也。"有一次，程颐在玩耍时将同伴的玩具甩到池塘里了，程母便带着程颐到邻居家去道歉。

程母素有仁爱之心。从小就教育"二程"要尊重奴仆。有一次，有个奴仆犯了错，有人要斥责。程母赶紧予以制止，并当着"二程"的面说："贵贱虽殊，人则一也。"

她还经常教导"二程"，在人的成长中要经受住挫折和失败的考验，做到能伸能屈。"二程"后来的经历尽管曲折坎坷，但他们经受住了逆境的考验，矢志不渝地研究理学，终成一代理学大师，与母亲的教育是分不开的。

「岳麓书院"二程"（圣学渊源）」

关于程颢还有一些轶闻，仅列举一些以助读者了解人物性格。程颢调任山西晋城县令。上任后不久，书写了"视民如伤"四字，让人做成匾额，悬挂于县堂之上。此后，程颢在十几年的从政生涯中，时常把"视民如伤"作为自己的座右铭。每到一地，都要把这四个字悬挂在显要位置，时时对照检查。程颢不仅把"视民如伤"的匾额挂在县堂上，而且将匾额装在自己的心里。在从政的几年间，关心爱护百姓，留下了许多佳话。

「程颢」

一是程颢在江宁府上元县任主簿时，发现江宁这个地方正当水运要冲，每天由上游下来的船很多，其中船上生病的船夫则要留下来治病，但往往时间不长这些病人便饿死了。程颢深入了解情况后发现，当地不是没有粮食，而是由于江宁府要凭券发粮，由于领取粮食的环节太多，等到江宁府把粮食发到这些病人手中的时候，有的病人早就饿死了。程颢凭着一颗爱心向负责漕运的官员要求粮食就近贮存，这些有病的船夫一到就发给粮食。这一措施使大半船夫生还。

二是果断处置河清县兵卒逃跑事件。程颢在任镇宁军节度判官时，发

初具规模

生了河清县兵卒逃跑事件。当时的都水丞程昉,调河清县800名兵卒前去修河堤。时值隆冬,天大寒,程昉逼迫兵卒跳进刺骨的河水中做河堤,河清兵卒实在忍受不了,便一哄而逃,围住城门,要求开城门,放他们回家去。众官都害怕程昉,不敢开城门,程颢见状说:"这些人逃命而归,不开城门,必发生暴乱,如果程昉怪罪下来,我来承担。"便亲自开了城门。程颢对涌进城门的士卒说:"天太冷,你们回家取了衣服,再回去筑河堤。"士兵们自然欢呼雀跃,感谢程颢的仁慈。三天之后,又都回去做河堤。

治平元年至四年(公元1064—1067年),程颢在山西晋城县令任上,一干就是三年。在这三年,程颢以教化为先,致力于发展教育,使不知学习为何物的晋城,乡乡建起了学校,穷乡僻壤响起了琅琅的读书声。据记载,他共办乡学72所,是当时全国办乡学最多的。他还挑选学生中的优秀者,重点培养。十几年后,晋城县身穿儒生衣服者已多达几百人,登科者十余人,一改当地朴陋的风俗。

程颢谢世后,一直居家不出的程颐在54岁已过知命之年时,才因司马光之荐出仕,程颐虽只比程颢小一岁,但性格与为学方法却与其兄截然相反,程颐为学讲究居敬穷理,讲究一个敬字,为人也严谨得近乎刻板,起居饮食也是严格有作息时间表的,即便有什么重要的事,也不能轻易破例。历史上著名的"程门立雪"便由此诞生。

有一年冬天的一个黄昏,纷纷扬扬的雪花从九皋山上空飘落下来,地上是一派银白世界。伊皋书院门外的雪地上立着两个人,一个是游酢,一个是杨时。从他们脚下的积雪来看,他们停留在这儿的时间不短了。原来他们二位是从洛阳到伊皋书院来向程颐拜师的。当来到书院时,已是下午。当两人推开程子馆门,见程颐正瞑目而坐。为了不打搅先生,他们便悄悄地退了出来,立在雪地里等先生醒来。冬日天短,不觉已到黄昏,程颐醒来后,得知游酢和杨时来访,便走出门外,见二人还立在雪地中,便说:"贤辈尚在此乎?日既晚,且休矣!"意思是说,你们二人还

「程门立雪」

在这里等我吗?今天天晚了,你们也回去吧!游酢和杨时便只好离开了。从他们立着的脚窝看,雪已下了一尺多厚。

人们常常以此来褒扬杨时和游酢的好学精神,殊不知这种谨严作风正是程颐的修身为学之本,杨游二人深得其味,才能在日后把理学发扬光大。

皇祐四年(公元1052年),刚满二十岁的程颐随父亲程珦来到京师开封。位于铁塔下的太学,接纳了这位后来成为北宋思想界一代大师的青年才俊。

宋朝的太学是皇室的最高学府。当时著名的教育家胡安定执掌太学,胡安定是"二程"之前"开伊洛之先"的人,他的教育思想,他所培养的学生,对于理学的产生是有重大影响的。一日,程颐游太学。见胡安定正在讲堂上问诸生:"颜子所好何学?"颜子即颜回,孔子的得意门生。胡安定在问颜子平生喜好学习什么内容。程颐写了一篇《颜子所好何学论》,呈给胡安定。胡安定展卷读来,不禁击节赞叹:如此宏论,真乃高见!胡安定当即召见程颐,并以学职之位相许。也就是说,一篇文章,使程颐由弱冠之年的儒生进入了堂堂太学。

「程颐」

治平四年(公元1067年),程颐随父亲程珦前往四川汉州。父亲是汉州的知州,程颐则开始在四川的讲学活动。有一天,从京城来了两位使者,在检查了程珦的政事之后,提出要游三峡,程珦便把陪同的任务交给了程颐。程颐自然满心高兴,游三峡饱览三峡风光一直也是他的向往,便随同两位使者乘船漂流而下。

到过三峡的人都知道,三峡沿岸的一些景点如关帝庙、奉节城都在半山之上,且道路险峻。京城来的两位使者弃船登岸之后,见奉节城高悬在半山之上,腿就软了下来,见路旁有等着抬轿的轿夫,便向程颐提出要乘轿而上。程颐望着那两个轿夫瘦小的身材,心想,这两个京官身高马大,抬着上山轿夫怎能受得了。便对两个使者说:"我从小没有坐过轿,轿夫是人,咱们也是人,某不忍乘,分明以人代畜啊。"使者

初具规模

中一人说:"程先生,咱们不白坐他的轿,咱们出银子。轿夫不就是靠出气力挣银子的吗?"程颐说:"己所不欲,勿施于人。咱们空手上山还气喘吁吁,何况轿夫要抬着人上山呢?"使者中另一人说:"先生若不坐,那我们也不勉强,反正这山我们上不去,我们是要坐着上去的。"程颐无奈只好叫了两乘轿,将两位使者抬上了山。

望着轿夫汗流浃背,一步一步向山上走去,程颐转过身来望着滔滔东流的江水,想着人与人之间怎会如此不同,程颐一步一步向山上走去,又一次叹道:"某不忍乘,分明以人代畜。"

一个个小故事反映了"二程"的品学与德行。程颢、程颐作为宋代理学的创始人和理学思想体系的奠基者,不仅对理学和中国儒学的发展作出了突出贡献,而且对中国文化产生了深远的影响。"二程"的学说,以心传之奥奠定了道学的基础,更以理为最高的范畴,因此亦称作理学。

> "二程"的学说,特别是其核心观点——"存天理,去人欲",后来被朱熹所继承和发展,世称程朱学派。就"二程"的学说主旨而言,兄弟俩并无二致。但在义理的具体延伸、阐发及个人性情方面,他俩却有着较大差别。

程颢提出"天者理也"的命题,他把理作为宇宙的本原。就天道的内容来说,程颢形容它是"生",谓世界生生不已,充满生机,提出"天只是以生为道"。他认为生是天道,是天地之心,于是称天道为仁。按程颢的说法,在生生不已的天道之下,通过阴阳二气变化,产生天地万物,人只不过是得天地中正之气。所以,人与天地是同一的。因此对于人来说,要学道,首先要认识天地万物本来就与我一体的这个道理。人能明白这个道理,达到这种精神境界,即为仁者。所以说,仁者浑然与万物同体。他并不重视观察外物,认为人心自有明觉,具有良知良能,所以自己可以凭直觉体会真理。

程颢哲学的主要内容是关于道德修养的学说。他追求所谓浑然一体的精神境界,在方法上是通过直觉领会,达到所谓物我合一。程颢是主观唯心主义心学的发轫者,他的识仁、定性,对后来的理学,尤其对陆王心学,影响很大。程颢的哲学专门著作不多,主要哲学代表作由他的学生吕大临所记述的关于识仁的一段语录,后人称《识仁篇》。他与张载讨论"定性"问题的《答横渠先生书》,后人称《定性书》。他的哲学思想多散见于语录、诗文中。明末徐必达将他与程颐的著作汇编为《二程全书》。

二程理学是对孔孟儒学的继承与发展。理学继承了儒家经典中仁义礼智信等心性修养,将成德成圣、修身齐家、治国平天下作为人生哲学的最高理想。同时又有新的发展和创新,主要是在吸收佛教思辨的基础上,给儒学增添了辩证内核。而后提出诚、敬思想。"二程"将诚、敬提到修身之本、成事之基的高度。此外,二程理学中包含着理性主义因素。理学,可以理解为理性地看待事物与处理问题的学说。就对事物的认识来说,要持中,不走极端;就社会治理来说,要顺应天理,符合事物发展规律;就人与自然的关系来说,要节制人的过分欲望。这些极富理性主义因素的论述,对于我们今天贯彻科学发展观、实现人与自然和谐具有启迪意义。

空前辉煌

南宋时期书院发展达到了一个鼎盛时期。书院教育制度得以完全确立,标志着我国教育事业进入官学、书院、私学三轨并行的时代。南宋时期的书院数量大增,规模扩大,制度完备,内容充实,特色鲜明,影响显著。

在中国书院教育发展史上,南宋时期书院发展达到了一个鼎盛时期。书院作为一种组织,成为推动中国学术事业发展的重要力量。同时,书院教育制度得以完全确立。书院制度是一种文化教育制度,它是儒道释三家文化融合的结果,又为这种新文化的发展服务。它不仅吸取了官学与私学的经验教训,而且采纳了佛教尤其是禅宗丛林、精舍,以及道家宫观传法讲学的经验。正因为书院制度的形成,标志着我国教育事业进入官学、书院、私学三轨并行的时代。南宋时期的书院数量大增,规模扩大,制度完备,内容充实,特色鲜明,影响显著。

理学与南宋书院

书院的产生和发展同理学的产生和发展有着密切的关系。北宋是理学的奠基时期,北宋的书院也处于开创阶段,南宋时期是理学的成熟时期,南宋的书院也进入相当完备的阶段。南宋理学的主要流派差不多都与书院的发展密切相关,书院教育也成为理学研究和传播的主要基地。

> 南宋书院教育的勃兴并不是一开始就形成的,而是经过了一个相当长的酝酿过程,直到南宋理宗才达到高潮。两宋之际,金兵南下,政权被迫南迁。加上农民起义,战火连年,北宋时期创建的书院,大多毁于战火,化为废墟。因此,南宋前期一二十年间,全国书院建设基本处于一种停滞状态,而战争对官学的破坏则更为严重。

朝廷无暇也无力顾及文教事业,恰好为书院的发展提供了一个契机。统治者也感到官学教育极不景气,然而也苦于回天无术,只好转而支持民间或私人创办书院,以补官学之不足,救官学教育之弊。

在南宋,最先将理学和书院结合到一起的是湖湘学者,而始开其风者为胡安国父子。在理学史上,胡安国地位很重要,与杨时并享南传洛学之功。南宋书院的勃兴则发轫于朱熹,他于淳熙六年(公元1179年)复兴白鹿洞书院,又于绍熙五年(公元1194年)复兴岳麓书院。自北宋初就

空前辉煌

名闻天下的两大著名书院的相继复兴，对南宋书院的发展起着直接的推动作用。之后，各地争相效法，纷纷建立书院，延聘名师硕儒，聚徒讲学。二十几年后，蔚然成风，书院得到迅速发展，呈鼎盛之势。

南宋书院发展最快的时期是南宋理宗时代。据统计，宋代共有书院720所，建于北宋的约140所，占总数的20%左右；而建于南宋的有500多所，占总数的80%左右；建于南宋的书院中理宗一朝近300所，占总数的50%以上。

南宋书院大部分集中分布在文化繁盛的江南之地，以江西、湖南、浙江、福建为最多，分别为161所、24所、44所和27所。这一方面是由于朝廷南迁，北方大地落入金兵控制之下，汉民族南迁，文化中心随之也南移；另一方面，书院的发

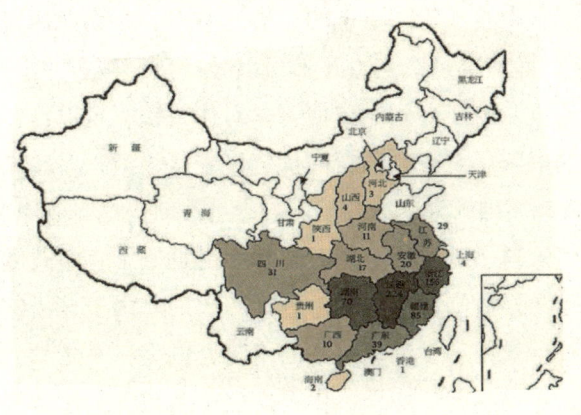

「宋代书院分布图」

展受著名学者讲学活动影响极大，江西、湖南、浙江、福建等地有众多名师讲学，是南宋理学家活动的主要地区和范围，所建书院自然随之增多。特别是朱熹、陆九渊、吕祖谦、张栻等一批理学流派的代表人物及其弟子都在江南地区，使这些地区成为书院最发达之地。

理学的发展和成熟为南宋书院的勃兴提供了文化学术思想条件，理学大师在书院讲学扩大了书院的影响，反过来又促进了南宋书院的勃兴。

南宋书院数量多、规模大、地位高、影响广，差不多取代了官学，成为当时许多地区的主要教育机构。南宋书院的勃兴不仅是理学的成熟，而且是其他多方面因素促成的。

南宋统治者支持创办书院，源于他们对北宋发展官学而忽略书院所造成的社会问题的重新审视。一方面出于政治上的考虑。北宋实行的兴学运动，极大地提高了官学在社会上的地位，官学生特别是太学生发展成为一股不容小觑的政治势力。北宋末年，太学生抨击时弊，已是司空见惯。南宋时，太学生伏阙请命，抨击时弊更是盛况空前，这就给统治者以强大的政治压力。譬如钦宗和高宗两朝，太学生陈东就曾上书达七次之多，掀起

了声势浩大的太学生请愿运动。宁宗庆元元年（公元1195年），又出现了太学生杨宏中等六人上书之事等。官学生的这些干预政治的行为使统治者深感惶恐，他们逐渐认识到与其发展官学，倒不如创办书院，以便让广大士人在深山老林中闭门读书、潜心修养更好。正是由于这一认识上的改变，南宋政府对书院的态度由过去的轻视转为积极支持。另一方面是经济上的考虑。北宋兴办官学，上自太学，下至州、府、县学，一切费用概由官府负担，需要大批经费，而国家经济实力又不足以维持数量众多的学校。南宋时，国家财政更为困难。因经费问题致使官学时作时辍，难以维持，而自筹经费、置田设学的书院反倒有其独特的优势，于是逐渐兴盛起来。

南宋时期，科举制日趋腐败，竟然出现了不赴考者，却仍然得到恩赐，其腐败程度可见一斑。南宋科举制的腐败在一定程度上加剧了官学式微。可以说，南宋官学的衰落和科举制度的腐败是互为因果的。由于养士的官学和选士的科举休戚相关，致使官学沦为科举的附庸，成为科举之学，从而失去了为统治者培养人才的功能。所以不少有志之士对官学的抨击多从科举制的弊端着手。

为了扭转科举之学缺乏德行道义之风，一些胸怀治国平天下之志的学者纷纷到书院讲学，故南宋书院大多标榜反对科举。岳麓书院想在科举之外另辟蹊径，以实现传道济民的教育目标。朱熹在复兴白鹿洞书院时，就反复勉励学生不要参加科举，不要追求利禄，应当牢记古代圣贤教人为学之意，讲明义理，以修身心，然后推己及人。在丽泽书院讲学期间，吕祖谦也重视德行道义之教，以孝、悌、忠、信为本，凡是不忠不孝、屡教不改的学生，都给予勒令退学的处分。这些理学家们要求学生以颜渊为榜样，居陋巷而不改其乐，钻研贤圣经传，只求明诚两进，德业双修，道艺并进。

与此同时，南宋印刷业的发达为书院的勃兴提供了一定的物质条件。藏书是书院教育活动的重要内容之一，也是书院教育的优良传统。

南宋时期，中国的印刷术有了新的发展，刻版印刷大大提高了刊印图书的效率和质量。除了官方的刊书机构外，出现了大量的私家书坊，为私人藏书提供了方便。书院藏书的条件得到了保障和改善，并且开创了书院刊印图书的历史。后世图书馆藏书中的珍本书、善本书，一部分就是"书院本"。如婺源丽泽书院在理宗绍定三年（公元1230年）重刻司马光的《切韵指掌图》二卷；龙溪书院于淳祐八年（公元1248年）刻《陈北溪集》50卷；象山书院于绍定四年（公元1231年）刻袁燮的《家塾书抄》12卷；建安书院于咸淳元年（公元1265年）刻《朱文公文集》100卷，《续集》10卷，《别集》11卷。

图书的大量刊印，有利于图书收藏，也为书院的发展提供了有利的条件。特别是书院刻书业的发展，扩大了书院的社会影响，提高了书院的社会地位，也方便了书院的教学和研究工作的开展及提高，对书院的勃兴起了重要的推动作用。

随着理学体系的成熟，也形成不同的学派，其中影响最大的莫过于朱熹、陆九渊、吕祖谦和张栻等。每一学派都创办了一批各具特色的书院，而每所书院也就成为研讨或传播某一理学派别学术思想的基地，如朱熹复兴白鹿洞书院、陆九渊后来居上讲学于象山精舍、吕祖谦主讲丽泽书院、张栻主讲岳麓书院等。他们各以书院为基地传播自己学派的学术思想，实现自己学派理想的教育目标。他们的弟子门人也继承传统，广泛建立书院讲学，光大师门，吸引了大批读书士子慕名而来，扩大了书院的社会影响，促进了书院繁盛局面的形成。

书院制度的确立

南宋书院的勃兴，不仅表现在数量大增，而且规模也有所扩大。更重要的是表现在制度上的进一步完备和教育活动的内容、形式进一步丰富充实。

> 南宋书院已建立起一套比较完备的制度。从办学宗旨、培养目标、教学内容和方式，以及教师的选聘、学生来源及条件、经费筹集和组织管理等，都有了比较明确的规定和比较稳定的条例。朱熹为白鹿洞书院亲手拟订的《白鹿洞书院揭示》，成为各书院的标准条规，为书院制度化建设作出了重要贡献。

南宋书院教育的内容和形式日益充实和丰富,教育特色更为突出和显著。藏书、祭祀、讲学都受到充分的重视,并且形成了相应的制度,创设较好的条件。

书院的藏书受到广泛的重视。南宋书院藏书主要是围绕教学和科研而实施的,且已规范化。就藏书内容来说,大致可以分为四类:一是学术性书籍,大多是儒学及理学经典名作、各学派著述等。如丽泽书院专设"遗书阁",以保存吕祖谦所著之书;二是书院教材,包括自购和刊印的教材,如江西瓢泉书院辛弃疾的《瓢泉秋月课稿》、江西西涧书院文天祥的《西涧书院释菜讲义》、浙江上蔡书院王柏的《上蔡书院讲义》等;三是社会百科书籍,诸如史志、文学、天文、医学等;四是为科举考试之类的书籍。南宋书院藏书的来源主要有政府颁赐、官民捐赠、自行购置、抄写补缺和自行刻印等多种渠道。各书院差不多都成为当地一个藏书最丰富的场所,因此成为一个地区的文化教育中心。

祭祀是书院的一项重要教育活动。北宋书院已有祭祀的做法,但还没有形成制度。自南宋开始,随着书院与学术事业及地方文化的结合,院中学术大师、有名的山长、关心书院建设的乡贤与地方官,日渐进驻书院的祠堂,书院祭祀走上了独立发展的道路。

「岳麓书院大成殿」

南宋书院大多设置有孔庙或大成殿、文昌阁,主祀先圣孔子,以孔门四大弟子为配享,从祀历代学术大师。这一点等同于文庙。而先贤祠或君子祠的设置更为普遍,以主祀各地涌现出来的学术大师,地域色彩较重。诸如浙江的书院以奉祀吕祖谦为多;福建的书院以奉祀朱熹为多;江西的书院主要是奉祀朱熹和陆九渊为主;湖南的书院则以奉祀胡安国和张栻为主。鉴于"北宋五子"和朱熹的学术地位,大多书院都加以奉祀,表明南宋书院大多与理学有关。而不同书院设置自己特有的供祀对象,在提高书院的社会地位的同时,也标明或保持该书院的学派特点和学术特色。

讲学是书院的主要活动内容,也是书院作为教育机构的重要标志。南宋书院的讲学有许多新发展。讲学人可慕名聘请，或书院主持人自讲，还可临时请名人讲演。不同学派可以互相交流、论辩。如朱熹曾邀请陆九渊到白鹿洞书院讲"君子喻于义，小人喻于利"。名师在书院讲学，听讲者不限本书院师生，外地士子也可前来听讲。有的书院还曾实行弟子代讲。如陆九渊在槐堂讲学时，令弟子邓约礼为斋长，有求见问学者，先令其从邓问学。名师讲学常把所讲内容整理成讲义，学生听讲也如实边听边记。如陆九渊在白鹿洞书院讲学的"书堂讲义"，吕祖谦在丽泽书院讲学也有"丽泽讲义"。学生的听讲笔记也常整理汇总起来。《朱子语类》140卷，就是辑录朱熹99个弟子的多年听讲笔记而成的。后世教学中教师的讲义和学生的听课笔记大概就是由此沿袭而来的。南宋讲学的优良传统，到明代书院又有进一步发展，成为独具特色的书院讲会制度。

南宋是书院管理体制形成并得以确立的重要时期，南宋理学家和书院结为一体，赋予书院更多的学术教育理念，使书院承担起研究学术、发展教育、推行教化的重任，其管理亦借鉴官方学校、禅林精舍、道家清规，形成各种制度。在规章制度建设方面，制定学规、章程，

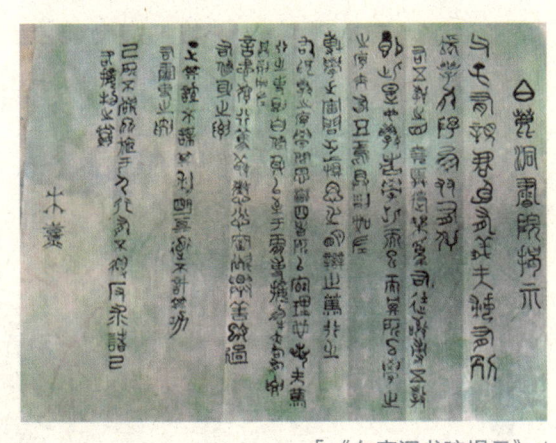

「《白鹿洞书院揭示》」

规范和约束书院师生的言行举止，劝善规过，提升品位，是书院制度确立的一个重要标志，也是南宋理学家们对书院建设所作的重大贡献。南宋的书院学规，最早的是吕祖谦的《丽泽书院学规》，还有朱熹的《白鹿洞书院揭示》、陈文蔚的《双溪书院揭示》、徐元杰的《延平郡学及书院诸学榜》，以及《明道书院规程》等，书院由此完成并确定了自己的管理体系，其中《白鹿洞书院揭示》后来成为书院精神的象征。

这个体系具有比较严密、分工明确、便于操作的特点。其内容大体上包括五个方面：一是以山长负责制、堂长负责制为代表的管理体制及与之配套的组织系统，它从组织上保证书院的管理有序有效地进行。二是师资

管理，主要是山长的遴选，或重学行，或重科举出身，从制度上提出资格的要求，确保书院的学术研究及教学水平能够达到一定的标准。三是生徒管理，入院肄业要经过考试且有名额的限制，学业德行各有要求，言行举止皆有尺度，建立了考勤、奖惩制度。四是教学管理，山长授课依课程定期进行，有授讲、签讲、覆讲等方式方法，生徒学习按早上、早饭后、午后、晚上四节，各定功课，形成"日习常式"，每月定期考试。五是经费管理，经费的筹措，常年开支的分配，各有定规，它从经济上保障书院的正常运行。

南宋著名书院

（一）白鹿洞书院

白鹿洞坐落在庐山五老峰下一个山丘环合树木郁郁的河谷小盆地。整个小盆地呈三山夹一水的局面，三山环合，周围高而中间低凹，由山间小路进去有数里之遥，犹若入洞之感，所以称为白鹿洞。这里远离城市的喧嚣，亲近恬静的乡村，没有面对高山、登临绝壁的那种敬畏、那份恐惧，让人感到亲切、融洽、雅致平和，泉水叮咚，空山鸟语，都涤荡着人们由于世俗生活中那熙熙攘攘、紧张激烈而带来的心理郁结。秀丽幽静的白鹿洞，自然成了隐居读书难得的好去处。

「白鹿洞书院」

唐朝贞元时李渤与其兄李涉爱其幽静，在此隐居读书，他们在山间驯养了一只白鹿，山村乡民视之为神，人们称李渤为白鹿山人或白鹿先生，他们兄弟隐居的山谷，被人们称为白鹿洞。在其后李渤任江州刺史期间，又扩建白鹿洞，广植树木，创建台榭，使白鹿洞成为一处名胜，为日后书院的创立准备了条件。五代南唐升元四年（公元940年），在此建立学馆，

空前辉煌

称庐山国学,又称白鹿国学。这是一所与金陵国子监相类似的高等学府。

北宋初年,江州乡贤明起等人开始在白鹿洞建书院,白鹿洞书院正式诞生。太平兴国二年(公元977年),因学徒甚多,江州知州周述请得朝廷赐书国子监印本"九经"。太平兴国五年(公元980年),朝廷封白鹿洞洞主明起为褒信县主簿。明起离去后白鹿洞书院渐渐衰废。北宋咸平五年(公元1002年),宋真宗命修缮白鹿洞,并塑孔子及十弟子像。皇祐五年(公元1053年),孙冕的儿子礼部郎中孙琛在白鹿洞建房十间,以便弟子居住和读书,同时接待前来求学的各地士子,供给膳食。白鹿洞在北宋时期命运多舛,三起三落,连续办学时间累加仅九年,影响不大。白鹿洞书院真正成为重要的学术中心,进入鼎盛时期是在南宋时期。

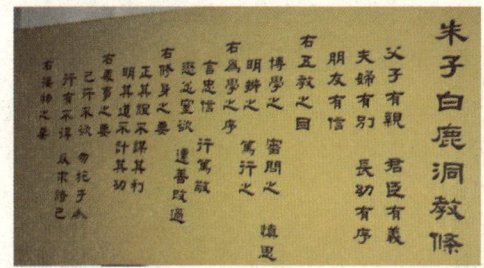

「朱子白鹿洞教条」

在中国书院制度发展史上,白鹿洞书院常常被冠以"海内书院第一"、"天下书院之首"。尽管白鹿洞书院并非中国最早的书院,也并非最早建立规约制度的书院,但却是众多书院中最完备的书院,它的教学传统和教育法规也是历代书院所遵循的楷模和准则。白鹿洞书院的驰名与兴盛同宋代理学家朱熹是分不开的,甚至可以说是以朱熹而闻名的。白鹿洞书院虽然为宋初所建,但是不久即废,直到著名理学家朱熹重修书院之后,才扬名国内。朱熹对此的贡献,不仅在于他复兴了白鹿洞书院,并亲自在此讲学,而且还在于他确定了方针,建立了制度,使得白鹿洞书院名声大增,也使白鹿洞书院达到了一个鼎盛时期,成为自此以后800余年办学的楷模。特别是他亲自拟定《白鹿洞书院学规》,明确规定了书院的教育目标,体现了他以"格物、致知、诚意、正心、修身、齐家、治国、平天下"等一套儒家经典为基础的教育思想,从而形成了较为完整的教育理论,成为后世仿效的样板。

白鹿洞书院由五组颇具书院特色的院落组成,院内殿宇书堂、楼榭亭台、莲池小桥、牌额石坊俱全。这些名目繁多的建筑和院内种植的各种名贵花草树木,装点得错落有致,古朴典雅,相得益彰,既充分体现了我国古代工匠高超的技艺,更渲染了对儒家圣贤的崇敬。书院主体建筑为棂星门、泮池(又称莲池)、状元桥、礼圣门和礼圣殿等。棂星门是白鹿洞书院现存最古老的建筑之一,传说棂星即文星,以它命名,意思是此处人才辈出,为国家培养栋梁之才之意;泮池在棂星门内,为学宫前的水池。上面建有花岗岩拱桥,原称泮桥,现名状元桥。据说池中曾种荷花,寓出淤泥而不染,取北宋理学家周敦颐《爱莲说》之意。礼圣门即书院之正门,原称先师庙门。礼圣殿又名大成殿,取孟子"孔子之谓集大成"语意,是当年书院学生祭祀儒家鼻祖、我国古代教育家、思想家孔子及其门徒的地方,也就是对历代的儒家圣贤施之以礼的地方。还有就是书院中翰墨云集的"碑廊"。碑廊壁间石刻如林,共计有130余块。其中最引人入胜的还是罗洪先书写的《游白鹿洞歌》。这每一处石刻无不充溢着白鹿洞书院作为文化渊薮的内蕴,每一处石刻都是白鹿洞书院一千余年历史的真实写照。

「丹桂亭」

后院,有个亭子叫丹桂亭,建在长方形的台基上,亭内竖有青石碑一块,上书紫阳手植丹桂,为光绪四年(公元1878年)岭南人曹秉浚所题。亭的两侧各有金银桂树一棵,是朱熹亲手栽种的,朱熹号紫阳,所以有紫阳手植丹桂的题词。桂花有黄白之分,开黄花的称金桂,开白花的称银桂,古代人称登科者为折桂,朱熹种植也有这层含义,希望书院学子登科折桂。

(二)丽泽书院

丽泽书院在婺州明招山中。宋乾道二年(公元1166年),吕祖谦守丧家居,四方学子从而问学,遂建为书院,作为居家会友讲学之地。命名丽泽,乃取《易经》"丽泽兑,君子以朋友讲习"之义。吕祖谦在此前后讲学八九年之久,有《丽泽讲义》传世。

相比较,丽泽书院规模并不大,不同于岳麓、白鹿洞、象山等书院建

空前辉煌

置在山麓林野，而是办于吕祖谦的家中。据记载，吕祖谦借官屋居住，直到晚年才另处置屋，把丽泽书院归还给官府。吕祖谦去世后，"旧居（指丽泽书院）之半为堂，以祠先生"。嘉定元年（公元1208年）官府出资在丽泽书院原来建筑规模的基础上翻新扩建，为屋才十余楹，外门五间，祠堂前轩各三间。又欲前为一堂，扁以丽泽书院。即使扩建，丽泽书院和南宋当时或稍后的一些书院相比，规模也不算大。书院接纳来自各地的生徒，必然要顾及他们的饮食。淳熙八年（公元1181年），吕祖谦在《宗法条目》中规定，雇佣一名斋役负责书院师生的饮食，也从侧面反映了各地来丽泽书院求学的人数不会太多。

另外，丽泽书院的讲学方式也限制了它的规模。丽泽书院珍藏着很多中原历史文献，注重对经史古籍的讲解。丽泽书院由吕祖谦亲自担任主讲，他还首订学规，其后又多次修订，皆收入《东莱吕太史文集》。门下弟子有乔行简、葛洪、王介及其弟祖俭、祖泰等人，极盛于浙东的婺学便奠基于此，吕祖谦于淳熙八年（公元1181年）逝世之后，其弟祖俭继掌丽泽，并扩建讲堂，建祠纪念，何基、王柏、袁桷等又先后出任山长，吕氏中原文献之学由是传递不替，其与岳麓之泽并称克世，为学人所重，丽泽书院亦因此成为南宋四大书院之一。

丽泽书院讲学的内容和方式，最为突出的有三个特点，我们也可以把它视为丽泽书院的教育风格。第一，首重义理，以明理躬行为本。南宋初期，官学衰落，科举腐败，士风、学风每况愈下。在理学家看来，之所以出现这种现象关键在于当时的学校教育诱使学生怀利去义，而置伦理道德于不顾。因此，补世道、救人心成为他们讲学的当务之急和根本所在。吕祖谦在他讲学时明确提出以孝、悌、忠、信为本。第二，推崇史学，以经世致用为务。北宋亡国，中原尽失，南宋偏安，忍辱求和。国势沦夷，激发了爱国士子的忧患意识，他们殚思竭虑，寻求匡时之道。由于看社会问题的角度不同，他们的思想体系各具特色。和张栻、朱熹、陆九渊等理学家不同，吕祖谦既是理学家，又属经世派，部分思想已经超越了理学的思想范畴。吕祖谦反对空疏之学，著有《历代制度详说》一书，从对历史经济、政治等制度的研究中，找出它们的利弊，寻求有益于当时国计民生的办法。他认为研究史学的目的在于经世致用，非为史而为史，方法则重在分析，不在记忆。第三，兼容并包，以平和宽大为怀。这是吕祖谦最有特色的教育思想，也是丽泽书院最有特色的教育风格。南宋时期，对于内忧外患的社会问题，众说纷纭，各个学派都极力宣扬自己的主张，以期得到社会的承认，扩大自己学派在社会上的影响。朱熹倡"理学"，走格物致知之路。陆九渊奉"心学"，谈发明本心之旨。同属理学阵营，朱、陆思想分歧很大。鹅湖之会，就是吕祖谦为调和朱、陆的思想分歧而安排的。

（三）象山书院

> 象山书院原名象山精舍，在信州贵溪应天山。应天山"陵高而谷邃，林茂而泉清"，淳熙十四年，陆九渊应门人彭世昌之请，建精舍讲学，以山形似象改名象山。

象山自然环境异常优美，因而常招来一些名僧前来庐居。唐朝佛教禅宗学、中国佛寺丛林制度的创始人——马祖曾庐居其北麓，乡人因称此山为禅师山。宋神宗元丰年间，有僧名莹曾建寺其南麓，于是又改称应天山。此山大势为"n"字形。两山回合其前，如两臂环拱，臂间有田百亩，可供耕读。应天山面向东南，层峦叠嶂，近者数十里，远者数百里，缥缈磊落，争奇竞秀。该山之胜，尤在瀑布，东有碟潭，西有半山。碟潭不下玉渊，半山可亚卧龙。登山游览，令人忘归。此山不仅风景秀丽，而且气候宜人，盛夏不知有暑，挟册其间，可以终日，的确是一个读书养性的好地方。

此处美景固然令人陶醉，然而要创办书院，却是异常艰辛的。应天山离县城七八十里，地处荒僻，交通不便。然而陆九渊及其门人彭世昌等人，筚路蓝缕，艰苦创业，致使象山精舍日趋完善。象山精舍规制极为特别，它以升堂讲座的草堂为中心，四周则依地形山势，遍布居仁、由义、养正、明德、志道、储云、佩玉、愈高、惠林、达诚、琼芳等数百间生徒自己构筑的讲庐、书斋。舍中不置田产，生徒或裹粮就读或耕读相济，饮食皆自备。舍中教学也很特别，不立学规，除每日清晨鸣鼓会揖，由陆九渊升堂讲座外，其他时间肄业者归斋舍，各自研习，不拘形式，陆氏之学独树一帜，久负盛名。据记载，平日听讲者数十甚至上百人，陆氏居山讲学五年，

空前辉煌

「象山书院」

前后来见者逾数千人，就连当时已负盛名的朱熹也很向往，可谓风动当时。广泛流传的"非从学象山不得为邑寓贤"的说法更告诉我们，当年的象山精舍作为陆学的大本营，在士人中已具有崇高的声誉和广泛深远的影响。

陆九渊在象山精舍历时五年，绍熙二年（公元1191年）他奉召知荆门，临行嘱托傅季鲁代为主掌，并望其将精舍扩成书院。陆九渊不久去世，象山精舍日渐衰落。但他倡导的心学，适应封建统治阶级的需要，得到朝廷的赏识，赐陆九渊文安谥号。为了缅怀先贤、弘扬陆学，陆九渊的弟子杨简的得意门生江东提刑袁甫，巡视贵溪之后，以应天山交通不便为由，上书朝廷，将象山精舍迁建于贵溪县城河对岸的三峰山下徐岩。宋绍定四年（公元1231年）破土动工，年冬书院落成。院内有祭文安、梭山、复斋三先生的祠庙一栋，学生的斋舍百楹，绍定五年（公元1232年），得诏赐"象山书院"匾额。象山书院日益兴旺，盛况空前。

元代，书院未曾修葺，几近销声匿迹，一片荒凉。明成化二十年（公元1484年），皇帝命再度修缮象山书院。正德、嘉靖年间，是明代书院发展的高潮，象山书院也进入繁荣期。明代著名文学家李梦阳在担任江西提学副使期间，亲临贵溪对象山书院进行大规模的修整。明正德五年（公元1510年），武宗皇帝诏刻刚劲镌永的象山书院四字，石刻在西峰峭壁之上的14米多高处，它每个字一米见方。

东南三贤与书院

南宋"东南三贤"是朱熹、张栻和吕祖谦。三人之所以并称"东南三贤"。首先是三人都曾传学于东南。其次，他们都是同时代并驾齐驱的理学大师，学识渊博，影响深远。

朱熹创立"朱学",张栻是"湖湘学派"形成的关键人物,吕祖谦则是"婺学"的宗师,并且他们以书院为基地,传播理学思想。朱熹的白鹿洞书院,张栻主持的岳麓书院,吕祖谦的丽泽书院,都是中国书院史上浓墨重彩的一笔,也都是南宋四大书院。最重要一点是,三人出于学术的追求,结下了深厚的友谊。朱熹、张栻、吕祖谦尽管学术观点上不太一致,然而他们从来没有因为学术观点上的分歧而产生隔阂。相反,他们过从甚密。三人经常或相聚长论,或书信来往,交换心得,切磋学问,彼此结下了深厚的友谊,在中国哲学史上留下佳话。

「东南三贤」

"东南三贤"之间的友谊是纯真的,尽管各自学术有所偏重,亦有所分歧,但毕竟基本倾向是一致的。他们在相互切磋过程中,都各自受到对方的启迪,增进了知识,使理学臻于精密、博大。对理学的发展,"东南三贤"各有自己的贡献。

朱熹字元晦,号晦庵,江西婺源人。他是"二程"的四传弟子,是宋代理学心性学说的集大成者,也是继孔孟之后封建社会地位最高、影响最大的思想家,同时也是书院教育最杰出的推进者、建设者和组织者。朱熹使儒学发生了第二次中兴,并且再次达到一个高峰。而儒学的中兴,又与朱熹的书院教育、书院建设和书院组织活动紧密相关。

朱熹不仅修复了宋代"四大书院"中最著名的两所书院岳麓书院和白鹿洞书院,并且修建了大量的新书院,制定新的学规,使书院大兴,对后世影响深远。其中影响最大的举措是复兴白鹿洞书院,以书院为基地推动理学各学派的学术论争和交流,扩大书院的社会影响,鼓励和支持弟子门人广建书院,传播理学思想。这些活动,对南宋书院的勃兴作出了重要贡献。

白鹿洞书院在宋初已是闻名天下的"四大书院"之一。但自皇祐六年(公元1054年)废毁之后,竟然仅存瓦砾荆棘,茂草荒丘,屋宇损其七八,遗迹难辨。淳熙六年(公元1179年)朱熹受命差知南康军,亲自察白鹿

空前辉煌

洞书院遗址。看到那里山清水秀，幽静清雅，"无市井之喧，有泉石之胜"，确实是一处隐居、读书、讲学、著述的好地方，于是断然决定尽快加以修复。随即上书朝廷，奏明复兴的理由和计划。朱熹的奏议，最初并未引起皇帝重视，于是再次呈奏。奏文反复强调复兴白鹿洞书院的意义和理由。朱熹奏文，在反复申诉复兴书院的理由和愿望中，字里行间，流露出对朝廷和各级官府只重佛道、关心寺观，而尊儒不力，忽视书院的委婉批评。同时对佛道泛滥、寺观遍立而危及儒学地位的状况深感不安，从而表达出决意与之抗衡的紧迫感和焦虑心情。

朱熹的建议和计划并未得到朝廷的支持，反而遭到了讥笑和反对。尽管如此，朱熹仍然冲破各种阻力，依靠地方力量着手进行修复工作。淳熙七年三月（公元1180年），仅仅用了半年时间，书院初步修复。朱熹率领军县官员同书院师生一起，祭祀先圣先贤，举行了开院典礼，讲授《中庸》首章。

任职期间，朱熹为白鹿洞书院修建屋宇十余间，他还和他的僚属以及学生一起，为书院制订了更加长远和宏伟的修复计划，拟定修建礼圣殿和扩大斋舍的计划。重视学田建设，制订了购置学田的计划，以维持书院长久发展，并筹集了部分资金。

书院既成，朱熹便开始为书院正常的运行做进一步的策划工作，诸如课程的设置、学规的制定。朱熹亲自拟定《白鹿洞书院揭示》、图书的征集、生徒的招考和教师的延聘等。此外，朱熹自为洞主，亲理洞务，亲自讲学，还延聘好友刘清之，学生林泽之、黄榦、王阮等担任主讲。他还在书院首开讲会制度，邀请名流来书院讲学。据说当时生徒有十多人。规模虽然不大，影响却是不小。

朱熹在白鹿洞书院修复一年后奉命离任。朱熹仍然心系书院的前途，离任前，特地向孝宗报告了书院的修复情况，并希望皇上能够像对待岳麓书院那样，赐书赐匾额，但是没有成功。离任后，他与继任的南康知军和书院师生一直保持着书信联系，关心着书院的发展，他为书院推荐山长，为书院拨付修建礼圣殿和两庑的款项，并且最终为书院向皇帝求得赐书赐匾额。

白鹿洞书院虽然只是朱熹亲自修建的众多书院中的一座，而且当时的规模并不大，但是这座书院在朱熹的人生中显然占据着重要的位置。因为它是朱熹一生倾注心血最多的书院，是唯一一座由朱熹亲自筹措经费、亲自修建、亲自制定学规学案、亲任洞主和讲习的书院。他通过规范书院的体系和制度，为后来的书院做了示范，推进了宋代书院的发展。

「武夷精舍」

朱熹不仅热心修复原有的书院，而且亲自创建书院，从事学术研究和讲学活动，其中最著名的有寒泉精舍、武夷精舍和竹林精舍。

朱熹回到武夷山，在大隐屏峰下五曲之旁建"武夷精舍"，四月建成。陆游、杨万里还专门寄来诗作，祝贺精舍的落成。朱熹在"武夷精舍"讲学六七年，培养了大批弟子，并完成了一大批著述。《易学启蒙》《小学书》《中庸或问》《中庸章句》《〈四书〉注》《〈五经〉注》等，都是这一时期的成果。武夷精舍于咸淳四年（公元1268年），即朱熹逝世68年之后，被改名为"紫阳书院"，以纪念书院创始人朱熹。

朱熹对中国理学的发展作出了重要贡献。钱穆说，中国学术史，"乃创始于孔子，而整理此一部学术史，最有成就者，则为朱熹"。

张栻，字敬夫，后避讳改字钦夫，又字乐斋，号南轩，世称南轩先生，南宋汉州绵竹人。出生名门，父亲张浚是北宋进士，南宋中兴名将，出将入相，宦海几经沉浮。张栻自幼好学，四岁跟随父亲读经书。

张栻勤奋向学，饱读诗书，遍览儒家经典。宋绍兴三十一年（公元1161年），28岁的张栻遵从父命，前往衡山拜胡宏为师。胡宏接受张栻为弟子后，即向他传授孔子

「城南书院旧址」

空前辉煌

仁义之旨和"二程"的理学思想，并对张栻的学问十分欣赏。张栻拜胡宏为师的时间虽只有一年，但胡宏对张栻理学思想的形成起了重要作用。胡宏在接纳张栻为弟子的当年即去世。第二年张浚奉旨自便，于是到潭州，遂以观文殿大学士判潭州。张栻随父居潭州城南之妙高峰，筑城南书院，以教来学者。

乾道二年（公元1166年），刘珙在镇压李金起义之后，在潭州重修岳麓书院，于乾道二年完全建成。刘珙对张栻的学问一向敬佩，请张栻主教岳麓书院。张栻对刘珙重修书院之举极为称赞，作《潭州重修岳麓书院记》。至此，张栻来往于湘江两岸的城南、岳麓两书院讲学授徒，传道授业。书院的办学宗旨是宣传理学的思想、反对功名利禄之学，并在继承胡宏学统的同时，开展学术交流和探讨，从而形成和确立了具有自己学术特点的湖湘学派。张栻办学的规模已远远超过当年胡宏主持的碧泉书院，这样，湖南学派的重心从衡山转移到了长沙。张栻讲学授徒的活动与宋初以来社会矛盾尖锐突出，统治者为了维护其统治，提倡儒学，这与宣扬三纲五常的思想分不开的。当时书院林立，人才辈出，各理学大师都创办或主持书院讲学，促进了宋学的发展和理学各派的形成。南宋时期，湖南文化发展，人才之盛，这与张栻讲学于岳麓、城南两书院分不开的。黄宗羲评价说："湖南一派，在当时为最盛。"这说明张栻讲学授徒，确立湖湘学派的影响之大。

乾道三年（公元1167年），著名理学家、闽学代表人物朱熹闻张栻得衡山胡宏之学，并在长沙讲学授徒。由其弟子范念德、林用中陪同，从福建崇安启程来到长沙，历时一个月才到达长沙，与张栻会友讲学，并展开学术辩论。朱熹抵达长沙时，受到张栻的热情款待。朱、张两人在一起讨论了《中庸》的已发、未发和察识、涵养之序以及太极、仁等理学的重大理论问题，相互展开了激烈的争论。这是宋代理学中以朱熹为代表的闽学和以张栻为代表的湖湘学学术观点的辩论。朱、张两人的学术观点产生某些分歧，以至于展开较大的争论。这次辩学，以朱熹大体上接受张栻的观点而告结束。但事后不久，朱熹又提出新的疑问，否定了张栻的观点。两人的辩学和相互影响，开创了书院自由讲学的新风，对于加强各学派之间的学术交流、促进学术思想的发展起到了重要作用。这次张栻、朱熹的

"潭州嘉会"共两个月的时间,两人讲学于岳麓、城南书院,附近的学者闻风而至,听者甚众,一时盛况空前,成为岳麓书院史上的大事。

这一年,朱熹38岁,张栻35岁,同为"东南三贤"之一,虽然年纪相当,而心态却大为不同。张栻受胡宏之学,深得其中奥妙,对理学的一些问题有自己的独到见解。与兼容并包、折中各家的朱熹惑于体验未发不同,胡宏与张栻的湖湘学重视的是已发功夫,其为学方法一言以蔽之,就是先察识后涵养,注重在日常应接中反观自身的每一细微思想感情活动,明辨善恶是非,持之以恒,从而使道德日益趋于完善。这是湖湘学一以贯之的治学和修身之法。因此,湖湘学派一直以注重实践、崇尚经世之学,此后湖湘一带多出经世能臣,尤其是清中晚期的曾国藩等人,对近代中国的影响很大,与湖湘学的影响不无关系。

朱熹在长沙逗留了两个月,朱、张对理学中的一系列问题,如中和、太极等分别在岳麓书院和城南书院轮流进行讨论。岳麓与城南仅一江之隔,

「朱张渡"文津"」

朱、张经常同舟往返于湘江之中,朱张渡由此而得名。朱熹还曾作诗记下了这次意义深远的学术交流活动。相传两个人曾将东岸命名为文津,西岸命名为道岸。太守刘珙在岸边建船斋,供两个人往返时休息,张栻和朱熹尚以《船斋》为题作同题诗自娱。张栻过世之后,朱熹任湖南安抚史,移节长沙,仍取道古渡往来于岳麓书院与官衙公署,白天办公,晚间讲学,相从的门徒多达千人,渡口的繁华景象可想而知。从此,朱张渡一直成为岳麓书院学子往返于湘江的主要渡口。

此次朱张岳麓会讲,意义重大。首先,它首开不同学派的自由交流之风,促进了理学的繁荣与发展,而且朱熹在这次活动中收获甚多,既接受了湖湘学派先察识后涵养的观点,更从张栻而识乾坤。朱熹"始知太极蕴,要妙难名论"的诗作和一年后他还在给朋友的信中大谈"去冬走湖湘,讲论之益不少"的话题,都可以看出岳麓之会对这位学术大师的思想体系的形成有着功不可没的影响。其次,它是书院首次利用会讲这种形式开展学

术交流，自此之后，会讲便成为书院重要的学术活动，既丰富了书院的内涵，又促进了书院制度的成熟。

东南三贤，除了朱熹和张栻外，还有当时在浙江婺州丽泽书院聚徒讲学的吕祖谦。吕祖谦家世十分显赫，《宋史》上说他的学问"本之家庭，有中原文献之传"，仔细查对之下，果然是家学渊源：祖上吕蒙正、吕夷简、吕公弼、吕公著、吕希哲曾任北宋宰相等要职，封侯拜爵。吕氏家族除官位显赫外，学业上也颇有建树，从吕公著开始，登学案者七世十七人，其中吕希哲在太学中拜程颐为师，是程颐的第一个弟子。吕氏家学以张载和"二程"学说为主，又遍拜名师，对各家学派兼容并包。除了讲求性理的理学之外，对经史各家学派也很精通。吕祖谦死后，其弟吕祖俭继续主持丽泽书院，所讲的更多是历史文献之学。由此也受到朱熹的批评，这就要谈到南宋理学的派系和学术异同。

南宋理学就学派性质而言，实际分为两大学派，一方为身心性命之学，包括以朱熹为代表的理学和以陆九渊为代表的心学。一方为讲究经世致用、注重实事实学的事功学派。有的学者将吕祖谦的金华之学归入事功学派，这是因为金华之学被列入"婺学"。事实上，仅就吕祖谦而言，更倾向于身心性命之学，"以性命绍道统"或"以性命之学起"。不过，吕祖谦与朱熹、陆九渊相比，更重经世致用，确也含有某些事功学派的学术特色，但非其学术主旨。在身心性命之学中，在朱熹、陆九渊两大学派之间，吕祖谦折中其间，兼而取之，也更倾向于朱学，也颇受陆学影响。

吕祖谦学术思想的最大特色是兼容各家，博采众长，不名一师，不私一说，以儒为宗，兼通多家，多识前言往行，重视中原文献之统，由经入史，以史谈经。无论如何，吕祖谦和他所代表的学派，在南宋颇有影响，也很有特色，这是学界所公认的。

吕祖谦讲学于丽泽堂，十分重视书院制度化建设，对南宋书院制度的完善有重要贡献。亲自为制定丽泽书院订立学规，这个学规内容丰富而具体，治学为人、待人接物、处事应世都有明确规定及严格的标准。提倡自律，也鼓励师友相互督促监督。学制包含了书院教育、管理方面的主要内容和基本要求，也体现了吕祖谦教育思想的基本精神和主要特色，并对朱熹亲订的《白鹿洞书院揭示》产生一定影响。

吕祖谦讲学的一大特色是主张兼容并包，不持门户之见，公平观理而不偏袒一方，各学派之间相互取长补短，他的门人弟子继承这一传统。在南宋末期，朱陆后学学派之争愈演愈烈，发展成强烈的宗派情绪，诋毁对方，贬低他人，标榜自己。作为吕祖谦后学的丽泽弟子，仍坚持"心平气和，不立崖异"，是很可贵的，也为后世"和会朱陆"奠定了基础，作出了自己的贡献。吕祖谦和丽泽书院在南宋书院发展历程中的独特地位和价值，也正在于此。

陆九渊与心学

陆九渊字子静，号象山，书斋名存，又称存斋先生，江西抚州金溪人。南宋著名的理学家、思想家和教育家，宋明两代心学的开山之祖。他的学说，经后来多位大儒的继承与发扬成为宋明理学的一个重要派别，对后世影响极大。

乾道八年（公元1172年），陆九渊参加进士科举考试，这一年主持人刚好是吕祖谦。吕祖谦阅卷时见到一份试卷，认真看完后，当即认定是陆九渊所作，并推荐该试卷入选，后来揭开糊名一看，果然是陆九渊。而此前，两人之间并没有太多接触，吕祖谦也不认识陆九渊，只是读过文章，并且很欣赏他。在对考生情况一无所知情况下，能从中识别陆九渊的文章，可见吕祖谦对陆九渊学识的赞同。对此，陆九渊也非常佩服吕祖谦并深感知遇之恩。

> 陆九渊是我国南宋时期最富有个性的哲学思想家和文化教育家，在程朱理学集大成之际，他以高度的学术责任感和深邃的理论洞察力，最早发现了理学内化道路潜在的支离倾向和教条隐患，成功地开拓出一条自吾心上达宇宙的外化道路，为宋明新儒学思潮从朱子学到阳明学的心学转向创造了必要的学术条件。

陆九渊承认王安石英才盖世，不合流俗，但认为王安石学术上没有触及根本,不苟同其政治改革。对"靖康之变"胸怀复仇雪耻之大义,故访求智勇之士,共谋恢复失地。任地方官时,政绩颇著,而不忘教育,常授徒讲学。去官归里后,他在学宫内设讲席,贵贱老少都赶来听讲,据记载称,"从游之盛,未见有此"。

中进士后,担任地方官,事事躬行,政绩显著,社会风气大变。陆九渊还热心于讲学授徒,大力发展教育事业。每开讲席,学者云集,户外履满,耆老扶杖观听,弟子遍布于江西、浙江两地。他在长期的讲学实践中,融合孟子"万物皆备于我"和"良知"、"良能"的观点以及佛教禅宗"心生"、"心灭"等论点,提出"心即理"的哲学命题,形成一个新的学派——心学。他提出"宇宙便是吾心,吾心即是宇宙",认为心即理,是永恒不变的,天理、人理、物理只在吾心中,心是唯一实在。陆九渊认为治学的方法,主要是"发明本心",不必多读书外求,"学苟知本,六经皆我注脚"。主张学以致用,其目的是培养出具有强烈社会责任感的人才,以挽救南宋王朝衰败的命运。

在教育内容上,他把一般知识技能技巧,归纳为道、艺两大部分,主张以道为主,以艺为辅,认为只有通过对道的深入体会,才能达到做一个堂堂正正的人的目的。因此,要求人们在"心"上做功夫,以发现人心中的良知良能。陆九渊的学生,最著名的是杨简、袁燮、舒璘、傅子云等,其中杨简进一步发挥了其心学。江西抚州是象山学派的重镇,明代陈献章、王守仁进一步发展心学。

淳熙二年(公元 1175 年),吕祖谦访朱熹至武夷,两个人共同读周、张、"二程"书,编辑《近思录》,后朱熹送吕祖谦至信州鹅湖寺,吕素知朱、陆在理学观点上有分歧,意欲调和统一,所以约陆九龄、陆九渊来鹅湖一会,共同讨论学术问题。应吕祖谦之邀,陆九渊在铅山鹅湖寺与朱熹展开了有关"心"与"理"的大辩论,其实质是朱熹的客观唯心主义和陆九渊的主观唯心主义的一场争论。毫无疑问,它是中国哲学史上一次堪称典范的学术讨论会。

会议辩论的中心议题是"教人之法"。关于这一点,陆九渊门人朱亨道有一段较为详细的记载。简单来说,所谓"教人"之法,也就是认识论。在这个问题上,朱熹强调"格物致知",认为格物就是穷尽事物之理,致知就是推致其知以至其极。并认为,"致知格物只是一事",是认识的两个方面。主张多读书,多观察事物,根据经验,加以分析、综合与归纳,然后得出结论。

陆氏兄弟则从"心即理"出发,认为格物就是体认本心。主张"发明本心",心明则万事万物的道理自然贯通,不必多读书,也不必忙于考察外界事物,去此心之蔽,就可以通晓事理,所以尊德性、养心神是最重要的,反对多做读书穷理之工夫,以为读书不是成为至贤的必由之路。此次"鹅湖之会"双方争议了三天,陆氏兄弟略占上风,但最终结果却是不欢而散。

"鹅湖之会"是中国古代思想史上的一次著名的哲学辩论会。朱、陆双方辩论的"为学之方",表现出朱熹与陆九渊在哲学上的基本分歧点。陆九渊提出"先立乎其大"为出发点。认为自古以来圣人相传的"道统"只是"此心"。他主张只有认识"本心",才犹如木有根,水有源。朱熹认为先于物而存在的"理"在心外,即"宇宙"之间。朱熹的理学博大精深,被后代统治者尊为"大贤",被学者奉为"万世宗师",他的学说对后世产生了巨大而深远的影响。陆九渊的心学传至明代,经王守仁的发展,形成一个比较精致的哲学体系,世称"陆王心学"。它为程朱理学的进一步发展,在对理获取的途径上提出不同见解,陆九渊的思想经后人充实、发挥,成为明清以来的主要哲学思潮,一直影响到近现代中国的思想界。

鹅湖书院位于上饶铅山县鹅湖镇鹅湖山麓,为了纪念"鹅湖之会"而建,为古代江西四大书院之一。宋淳熙十年(公元1183年)赐名"文宗书院",后更名为"鹅湖书院"。在鹅湖书院后面的四贤祠内,设有朱熹、吕祖谦、陆九龄、陆九渊四个牌位,又有一个题着"顿渐同归"字样的匾额,这和书院前排建筑中所悬"道学之宗"的御匾,正遥遥相对,由此可见"鹅湖之会"的盛况。

顺势而为

在中国书院发展史上，元代的最大贡献是：弥补了辽金时代的缺憾，将书院和理学一起推广到北方地区，缩短了新形势下形成的南北文化差距。而与理学一体化的书院，被等视为官学，即书院的官学化，也就成了元代书院最显著的特征。

公元1271由忽必烈正式建立起元帝国。八年之后，元又灭赵宋政权于南海之中，完成了统一全国的大业，建都于大都。元代为金戈铁马的蒙古贵族统治时期，但统治者不仅仅是只识弯弓射大雕的英雄，他们对儒家文化有着应有的尊重，有过创建24400所各级官学，使全国平均每2600人即拥有一所学校的政绩，而对中国士人的文化教育组织书院也相当重视，多方扶持倡导，蒙古人、色目人和汉人、南人一起加入书院建设者的行列，创造了"书院之设，莫盛于元"的历史记录。在中国书院发展史上，元代的最大贡献是：弥补辽金时代的缺憾，将书院和理学一起推广到北方地区，缩短了新形势下形成的南北文化差距。与理学一体化的书院，被等视为官学，即书院的官学化，也就成了元代书院最显著的特征。

遗民书院讲学

元朝是中国历史上第一个少数民族统领的中央政权，它是蒙古贵族凭借强大的武力建立起来的，虽然幅员辽阔前所未有，但其治下的广大汉族读书人，却秉持"春秋大义"，以传统的"夷夏之辨"和新政权长期对抗。食元禄而作宋遗民，成为元初一种普遍的社会现象。他们身在元土，心系南宋，认赵宋为君父之国，而不愿与新政权合作。之所以出现这样一个庞大的群体，与南宋理学家在书院长期倡导的忠孝节义观有着直接的联系。理学家发动书院运动的主要目的之一，就是重建纲常，重塑注重义利之辨的价值观。由于宋长期与辽、金、西夏、蒙元交战，忠孝节义、精忠报国、夷夏之防等思想内容不断在书院的讲堂上讲授强调，不仅深入读书人之心，而且妇孺皆知，形成了"饿死事小，失节事大"的社会共识。宋末，国家存亡之际，他们表现出爱国赴义的忠贞。

最典型的例证是岳麓书院师生的抗元事迹。山长尹谷，在元兵围城之前，率学生坚持读书，不废学业。激战之时，又毅然放下书本，荷戈登陴，与军民一起乘城共守。城破，岳麓诸生"多感激死义"，尹谷则举家自焚，以身殉国，表现出大无畏的爱国精神。白鹭洲书院的学生状元宰相文天祥的"成仁取义"，更是广泛流传的英雄事迹。

顺势而为

宋亡之后，很多人即遁入山林，不仕新朝。江西的情况，几乎和湖南一样。总之，入元不仕，以宋遗民自居，创建书院、精舍讲学，教授后学，表率地方，在江南已经成为一种普遍的社会现象。

> 纵观宋遗民兴学，有三种情形。第一种情形是，自己创建书院讲学，这类遗民既要有一定的经济实力，可以建立院舍，甚至还能捐私田以养生徒，又要学行兼善，或有名于时，或称闻于人，或博学好古，或学问精深，在地方享有声望，其节义操守对民众具有某种道德感召力，可以吸引招纳生徒来书院学习。第二种情形是，遗民经济实力不够，由门人出资创建书院讲学。第三种情形是，宋遗民或由民间聘任，或由官府聘任，讲学于书院。

宋遗民兴学，最直接的结果是造成了元初书院的兴盛，这在整个书院发展史上是一个特例，前不见于赵宋，后不见于明清。一般而言，改朝换代之时，历经战乱，官力民力受损，立国之初的书院都不很发达。宋末元初，战乱连年，破坏尤甚，按照常理是不会出现发展高潮的。因此，我们可以说，元初书院的发展全依赖于宋遗民爱国热情的支撑。同时宋遗民兴学也影响了元代的书院政策，而这一政策反过来又促进书院的发展，良性循环。遗民兴学也进一步造就了元初书院的独立性格。不与新政权合作的心态，使得宋遗民创办的书院有意无意皆与政府保持了一定的距离。可以说，书院既是现实世界中的讲学传道之所，又是遗民在心灵守护故国的圣洁之地。元政府对此无可奈何，虽然予以承认，授予山长之职，但徒有其表，其结果仍然是食元禄而为宋遗民。

遗民的遗恨与理想及其由此而形成的特有性格气质，决定了元初书院具有更加独立的精神与风貌。元初三四十年间没有开科取士，科举不可能对书院形成侵蚀困扰，使得书院师生可以专心于讲学明道，落实对圣贤一脉的传承。因此，我们完全有理由相信，"宋儒开创的书院精神，在注入元儒的退隐理想之后，继续充满活力，发展下去。不仅把理学家的学术和理想加以发扬光大，也替异族统治下的汉人保存了一份珍贵的遗产。"这就是宋遗民讲学的最大意义之所在。

元代书院政策

处于奴隶制社会发展阶段的蒙古民族在统一全国之后，面对着汉族已经有上千年发展历史的封建制度，经济发达，文化教育、科学技术都处于领先地位。元代统治者清醒地认识到，必须改变经济形态和与之相适应的社会上层建筑，即加速封建化和走"汉化"之路。

元世祖忽必烈是元代推行"汉化"方针的奠基人。他对蒙古民族的历史和现状作出了正确的分析，清醒地认识到蒙古民族"武功迭兴，文治多缺"，这正是在政治、经济和文化教育方面封建化程度不足的体现。

> 元代推行"汉化"文教方针，首先表现在提倡尊孔崇儒。孔子创立的儒家学派自汉代以后就一直作为中国封建社会的正统思想。尊孔崇儒是历代封建统治者文化教育总方针的核心。元世祖继承帝业，推行"汉化"文教方针，进一步提倡尊孔崇儒，诏令各地修复或新建孔庙，令地方长官通过祭孔，进行儒家伦理道德教育，加快学校的恢复和建设，开展各种社会教化。元代在尊孔崇儒的推动下，孔子的地位也急剧上升，至武宗时期竟加封孔子为"大成至圣文宣王"，为历代之极。

重用儒士是元代推行"汉化"方针的重要内容和措施，也是元代推行"汉化"方针的重要保证。早在成吉思汗和窝阔台时代，就十分推崇理学，以"汉化"来重铸文明。网罗大批亡金的儒士大夫，如耶律楚材、王楫、李藻、郭宝玉、李国昌、元好问、郝经、姚枢、杨惟中等，奠定了元代"汉化"方针的基础，并在元代确立"汉化"方针的过程中发挥了重要的推动作用。大批儒士大夫在元代受到重用，有的从政，有的兴学设教，更多的人则是潜心学问和从事著述，为元代的政治、经济、文化、教育的建设和发展发挥了重要作用。

为巩固统治，以保长治久安，统治者采取了积极而有效的措施，因势利导，对书院采取了积极创办、鼓励发展的政策。不仅成功地化解蒙汉矛

顺势而为

盾，而且使汉族士人的书院成为蒙古人、色目人的保护对象，对研究、传播理学的书院采取了保护政策。

早在蒙古国时期，蒙元政权就十分关注南方的书院，当南宋理宗大力提倡程朱理学，将其抬到正宗哲学的地位，颁书、赐额，褒扬研究、传播理学的书院，使其得到长足发展的时候，他们更看到了书院在维系人心、统一思想方面的政治功用，因而开始了实际的建院活动，以与南宋政权争夺士民。

南下"伐宋"时，注意收集大量宋儒所著经籍图书送至燕京，并立宋儒周敦颐祠，建太极书院，邀名儒赵复讲学其中。这是元代自建的第一所书院，也是中国北方地区设立书院的开端。

为了防止战争对书院的破坏，忽必烈下诏"凡有书院，亦不得令诸人骚扰"，对书院等文化教育设施加以保护。然而，战争毕竟是残酷的。尤其是深受理学熏陶的南方士人，多具民族气节，他们进行了顽强的抗战，而此时的元兵仍有"屠城"遗风，因此，忽必烈的保护政策难免成为具文，有很多书院在统一战争中遭到破坏。

统一全国后，元统治者重申对书院的保护政策，并且延续几代且不变。忽必烈接受江南奉使彻里的建议，下令江南官府将占有的学田归还学校，禁止以"理财"为名变卖学校和书院的学田。所有这些都表明，元政府对书院的保护政策并没有随战争的结束而终止。

对于宋遗民兴学，元统治者也予以保护和支持，对他们所创建、讲学的书院，政府一律予以承认，将书院等视为各级地方官学，授以山长之职。书院山长与学正、学录、教谕、教授一样，正式列为学官，并一体任转迁升，书院生徒也享受各级官学生的同等待遇。在科举制度还没有恢复之时，这一政策对保证书院生源、维系书院的正常教学活动有着重要意义。

元代中央政府保护、扶持书院，处理亡宋遗民问题的政策，可说是比较好地化解遗民反抗情绪的一种手法。经过30余年的经营，到仁宗时期，恢复了科举考试，以功名招纳士人，将反对者变成支持者，进而成为自己队伍中的一分子，最后完成了变"遗民"为"臣民"的工作，进一步扩大了统治基础。

书院推广与官学化

清代学者朱彝尊提到:"书院之设,莫盛于元,设山长以主之,给廪饩以养之,几遍天下。"按曹松叶《元代书院概况》统计,元代新建书院143所,兴复原有书院65所,改建书院19所,合计227所。根据最新统计元代书院数量为296所。不论数量统计的变化,地域分布仍以江南为主,大部分集中在长江流域。

本文以曹松叶先生的统计数据制作表格,以供读者参考,以求直观反映(见表1)。

表1　宋元两代黄河、长江、珠江流域书院统计表

流域 朝代	黄河流域	长江流域	珠江流域
宋代	13所(3.26%)	297所(74.44%)	89所(22.30%)
元代	43所(18.94%)	152所(66.96%)	32所(14.10%)

由表可见,黄河流域书院数量明显增多,反映书院向北方地区的推广是元代书院发展的特色。元代书院之所以北移,有一个重要原因,那就是受到科举取士南北配额并倾向于北方这一政策的刺激。除此之外,元政府为巩固其统治而利用书院推动理学的北移与发展,以及接受"汉化"的蒙古、色目等少数民族士人积极参与书院建设,也是书院向北推进的重要原因。

元代书院发展的另一个显著特点,就是书院官学化。开始于南宋,显于元代,同时也是中国书院性质发生重大转变的因素之一。所谓书院官学化,就是书院受制于政府,被纳入官学体系。元代书院的官学化,主要体现为将书院完全转变为郡县官学的一个组成部分,书院的学官也完全变成由朝廷官府统一任免、吃国家俸禄的政府官员。官学化主要表现为三个方面。

一是严格报批手续,以申报制度控制书院的创建与兴办,是官学化的重要措施之一。元初,为了争取宋遗民,政府曾倡导、鼓励创建书院,有力之家,好事之人,都可以兴修书院。士民建院之后,政府多设官赐额以此拉拢。但到至元后期,这种情况有所改变,并不是想建书院就让其

顺势而为

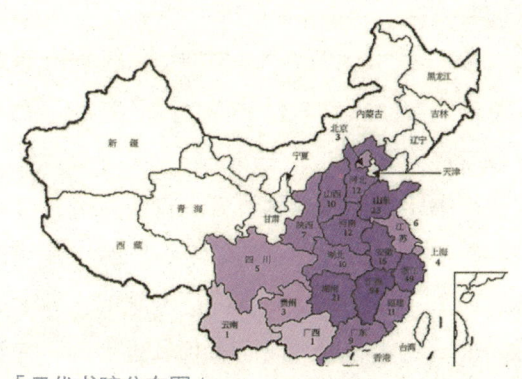

「元代书院分布图」

建。兴建书院需要上报官府、有司会议、中书省批准、行省设官等一定的程序，已经不能由个人意志随便兴建。

二是由各级官府为书院委任或派遣山长。有不少书院的山长、教授直接由各级官府官员兼任，早期如岳麓书院淳熙年间的山长由潭州州学教授顾杞兼任。国家或各级政府任命的山长，都是元朝廷的命官，政府授予官衔，纳入国家官制，并按品级领取官俸。这种措施，表明了官府对书院的重视，有利于稳定书院的管理和教学质量，也有助于提高书院山长的社会地位。初期确实对书院的发展起到某种积极作用，但是它对书院发展也有消极作用，特别是到后期，其弊端更加充分暴露，导致书院管理混乱，受制于官府，丧失了独立自主的个性。

三是介入学田，加强对书院经费的管理和控制。学田，对于书院来说，是其正常运行的生命线，是书院的经济基础。元代设立直学之职，专门掌管书院钱粮。书院的产业，不论是官府拨置，还是士民官绅捐置、书院自置等其他来源，一入书院，即成"学产"，皆由"直学"掌管出纳。通过设立这个职务，政府能够将书院牢牢地掌控起来。这表明了官府对书院的重视，并且为书院的迅速发展提供了基本的物质条件，保证了书院教学活动得以顺利进行，也达到控制书院的目的。当然，这一措施也导致了书院在经营管理上独立自主地位的削弱，书院教育的特色日益削弱。书院与官学相差无几，仅有书院之名，而乏书院之实了。而且随着书院数量大增，官府经费有限，时常出现书院经费难以为继的困境。官方经费不足，又无自筹经费的途径和能力，不少书院名存实亡。

元代书院官学化的政策，其对元代书院发展的积极作用。其一，官府的介入，扩增了书院的数量，维持了书院的正常运作。如果说，在创建书院之时，是以民间力量为主的话，那么，在维持书院的日常经费开支以及院舍维修方面，则是以官府的力量为主。各级官府的官员，在自己的任期内，动用"官费"，对破败或简陋的书院进行改造、重修与扩建，并且想方设法为书院置办学田,使其拥有恒产。他们或利用手中的权力,将闲置的土地、官地、没官之田划给书院,或带头捐资,率官绅买田,其规划之周全,用意之深远,实属难能可贵。其二,官学化使得书院及其产业成为官府财产的一部分,政府的保障措施为其提供了法律保证,使得有责任心的山长、学官、地方官府在与侵夺书院财产的各种势力进行斗争时,可以立于不败之地。可以说,书院的官学化,为保护书院财产、维持正常的教育秩序树起了一道有力的屏障。其三,书院的官学化,将书院纳入国家统一的学制体系中,从法律上讲,书院与路、府、州、县各级官学,有着同样的身份,享受着同样的待遇,书院山长本身就是学官,书院的生徒与官学生徒有着同样的出路。这种措施保证了书院师生的权益,无疑会有力地推动书院事业的发展。

不可否认,它的弊端也是存在的。一是书院官学化的政策使书院丧失了书院自身的特点,而混同于一般的封建官学;二是书院沦为一般的封建官学之后,书院的教师同时沦为不入流的下级官吏,甚至成为科场赐予老迈下等举人的安慰性职务;三是书院的官学化政策,加强了对广大士儒的思想控制。

元代书院的拓展

元代虽然延续正统时间不长,但在浩浩书院史上却作出较大贡献,其开拓进取精神,也使书院有着时代的特征和印记。

中国自古就是一个幅员辽阔、民族众多的统一国家。传统书院一般由汉族官绅人士创办,而元代除了汉族之外,其他各兄弟民族如蒙古族、女真族、苗族等也多有加入书院建设者行列,为书院的发展作出了各自的贡献。少数民族的加入,标志着书院建设队伍的扩大,它是元代书院的特色和贡献所在。

蒙古族作为元朝统治民族,有很多官绅充分利用政策及地位优势加入创建书院的行列,成为书院建设中不可忽视的力量。其中最值得一提的是官至从三品的秘书太监达可在四川成都创办书院的义举。达可,为生长于

顺势而为

蜀中的蒙古族人，告老还乡后，居于成都，以私财创建石室、草堂、墨池三书院，竭尽全力请赐额、置学田、购书籍、添祭器，多方谋求，招各族生徒肄业其中。刘岳申《西蜀石室书院记》中盛赞这种义行善举。达可老而有为，致力于家乡的书院建设与藏书事业，其情感人，其举甚伟，因而世人将其与汉代文翁建学相比。此外，还有与蒙古族具有同等地位的"色目人"包含了北方诸多少数民族创建书院的例子，以女真族为例来说明。在成都，云南元帅舒噜多尔济将家宅改作书院；女真族人富珠哩翀在其家乡顺阳建博山书院，分六斋教学。

苗族人创建书院亦始于元代。杨再成等人在武冈路儒林乡创制儒林书院。儒林书院绵延办学，毁于明代天启年间，其间300余年，为苗乡培养了大量的人才，更为移风易俗、民族融合作出了重大贡献。

> 少数民族加入创办书院行列，大大推动了元朝书院的发展，同时为明清更多的少数民族人士投身书院树立良好的榜样力量。元世祖"度量弘广，知人善任使，信用儒术，用能以夏变夷，立经陈纪，所以为一代之制者，规模宏远矣"。因为元世祖的远见卓识，使得书院在铁骑之下继续发扬光大。

在书院的教学内容方面，元代也不仅是研究、传播程朱理学和攻习帖括时艺之学而求科举及第，而是在原有格局上有所突破。如女真族人富珠哩翀，从中奉大夫浙江行中书院省参知政事退休后，建博山书院，规划课程中，"分置六斋：治礼、治事、经学、史学、书学、数学"。前四者为传统学科，书学、数学则已涉及艺术、自然科学等门类，是教学内容方面富有创意的拓展。由此可见，书院文化教育功效的扩展是值得我们特别注意的。

当然，最能体现元代书院拓展内容的书院，还是包括文、武、

「杭州西湖书院」

医三者的历山书院以及专门从事出版事业的书院——杭州西湖书院。

> 生产图书是书院与生俱来的一种职能，自唐代丽正书院、集贤书院的"刊辑古今之经籍"，到五代、北宋时期由修书到刻书的过渡，到南宋"书院本"的赫然面世，历经数百年的发展，书院的这种职能不断强化，到了元代出现刻书专业的倾向，而且具有这种专业倾向的书院不在少数，最具典型意义的则是杭州西湖书院。

杭州西湖书院因得南宋国子监20余万书版之基业，又蒙中央、地方各级行政的关照和支持，实际上已经成为元代一个重要的国家出版机构，刻书已经成为其主要的职责。与一般只有教学职能的书院不同，它还拥有"书手刊工"。为了刊刻重要的图书或修补院中书版，地方行政官如江浙等处儒学提举司副提举陈登仕、余姚州判官宇文桂等可以本职提调或兼理其事，其他学官也可到书院临时任职。刊印书籍达数十种，雕版之数常达数千，以字计者常有数百万之巨。足以证明西湖书院是一所以刻书为主的书院，其图书生产已有较大的规模，并具有较高程度的专业化水平，已经成为大型的国家刻书中心。书院对自己的刻书活动进行有意识的记录，形成刻书书目，这是元代才出现的现象，它被视作刻书事业进步和制度化的标志。

南吴北许

许衡出身农家，勤勉好学，是赵复百余名门徒中的佼佼者。其中《元史》中还记载着许衡不吃无主梨的故事，也是读者耳熟能详的。这样的品德让许衡声名远播，乡人都以此教育孩童。所以乡内即使庭院里有果树，果子成熟掉落在地上，乡里小孩经过它，目不斜视，径直离去。许衡去后，四方有学之士都聚集灵前痛哭，也有远从数千里外赶来痛哭在墓下的人。皇帝特赐谥号为"文正"。故事告诉我们虽然梨子可以无主，但是我们的心是不可以无主的。做人要有自己的原则。为人处事，有自己的道德

顺势而为

标准，要抵挡得住诱惑，才能受到别人的尊敬和信任。

南方诸儒，创建书院，传播程朱理学之风更盛。但元代的程朱理学已经发生了深刻的变化。书院的讲学，都不同程度地具有"和会朱陆"的倾向和特色。吴澄是元代理学在南方的主要代表人物，被称为"草庐"先生，与北方的许衡齐名，有"南吴北许"之称。

吴澄自幼聪慧，勤奋好学。3岁开始，颖异日发，与一般儿童迥然不同。当时，祖父特别喜欢他，经常教他读一些古诗，几乎随口便能成诵。祖父见他悟性甚高，更加钟爱。日复一日，吴澄渐渐可以背诵好几百篇古诗，家里人无不为此而感到高兴，深信他将来必定会有大作为。

吴澄整天专务学习，勤奋不懈，读书常常通宵达旦。母亲游夫人担心儿子过分勤学会损伤身体，引发疾病，便定量供给他读书所用灯油，只许他读至半夜时分，适可而止。吴澄的求知欲非常强烈，他嗜书如命，哪能忍受母亲这种约束，于是暗地到街市买回一些灯油，以满足自己熬夜读书的需要。每天晚上，他先按照母亲规定的时间熄灯，等到母亲就寝以后，又悄悄燃灯苦读，并小心翼翼地把灯光遮蔽起来，避免母亲发觉。通过日积月累，吴澄读了不少的书，开始懂得治学的根本。

吴澄自从15岁立志专务圣贤之学以后，先后拜程若庸、程绍开为师，长期僻居乡陋，孜孜于理学，最终形成了自己的一家之说。宋理宗景定五年（公元1264年）秋天，吴澄陪同祖父前往抚州参加乡试。当时正遇上本州郡守邀请名儒程若庸先生到临汝书院讲学，这可算是抚州儒学界的盛事。吴澄本来尊崇朱学，现在又仰慕程若庸之名，于是便去临汝书院拜谒程先生。吴澄向程若庸执弟子之礼，经常往来于程氏之门。程先生深知这位弟子于儒学必有所成，坚信其前途不可限量。

后来，吴澄又师事程绍开先生，通过往来问学，使自己在学业上更加精进。程绍开曾自创道一书院，又主讲象山书院。吴澄继师事程若庸之后，又跟从程绍开问学，深受其"和会朱陆"学说的巨大影响，后来成为元代理学界朱陆合流的代表人物之一。吴澄转益多师，注定他将来成为元代一位儒学大家。程若庸、程绍开都是他的良师益友，程若庸、程绍开之学也都是他的理学思想形成的重要渊源。如果说程若庸谨授程朱之学，使吴澄获得正学真传，从而在理学研究上打下了坚实基础，那么，程绍开倡导"和会朱陆",更启迪他深造自得,从而形成了以折中朱陆为特色的草庐学说。

元兵攻陷江西,抚州沦为元人统治区。他不愿降元做官,便携带全家避入深山穷谷,甘心忍饥挨饿,艰难度日。吴澄身居谷内,虽箪食瓢饮,艰苦备尝,但他一心钻研诸经,一日不曾懈怠,对儒学经典的整理和流传作出了不可磨灭的贡献。

吴澄对元代书院的发展影响很大,他本人长期以"草庐"为名从事讲学,还热心帮助和支持别人创办书院。如大德四年(公元1300年)安乐夏友兰筹建鳌溪书院,吴澄"与闻其议",亲自审阅举谏申办书院的公移文书;延祐七年(公元1320年)曾到王氏义塾讲学并代订义塾规则,王氏义塾于泰定元年(公元1324年)获赐额江东书院。他多次应邀赴外地书院讲学,如延祐五年(公元1318年)讲学于永丰武城书院,次年讲学于江州濂溪书院。

吴澄的弟子门人大多热心于书院教育,积极传扬"和会朱陆"的宗旨。虞集是吴澄最得意的弟子,随吴澄游学整整10年。虞集对书院讲学十分重视,早年曾自号书屋为"邵庵",晚年讲学于崇仁山中仍以"邵庵"为名,因来学者日众,以至于容纳不下,弟子们帮他扩建规模,作邵庵书院。他经常应邀到各地书院讲学,关心各地书院的发展,对书院教育有许多精辟的见解。他先后撰写了有关书院的文稿10余篇,为元代书院留下了宝贵的史料文献。吴澄的门人中还有不少创建书院或在书院中讲学阐述"和会朱陆"的人。

一波三折

在书院发展史上,明代承前启后,占有相当重要的地位。明代书院分布于今全国的19个省区,总体上是由先进发达地区向边远落后地区推进,标志着书院的发展进入了成熟的繁荣阶段。与此同时,书院也出现一些新的动向,呈现社团化、平民化的倾向。

14世纪中叶，政治腐败，加之自然灾害频繁，广大农民阶级流离失所，阶级矛盾激化。天下大乱，战乱纷飞，各地农民起义军纷纷起兵反元。朱元璋异军突起，于公元1368年推翻元朝统治，建立朱明政权，定都南京，统一全国。从此，中国书院进入明代270余年的发展历程。

在书院发展史上，明代承前启后，占有相当重要的地位。明代是中国封建社会发展的成熟阶段。经历20余年的战火，宋元以来一度兴盛的书院大多毁于战乱，加上明初以官学结合的科举制度推行程朱理学，使得明初书院沉寂百余年。但书院在和"王湛之学"重新结合之后，造就一场倾动朝野的思想解放运动，书院再度辉煌，发展迅猛，数量大大超过历代书院，出现前所未有的盛景。明代书院分布于今全国的19个省区，总体上是由先进发达地区向边远落后地区推进，标志着书院的发展进入了成熟的繁荣阶段。与此同时，书院也出现一些新的动向，呈现社团化、平民化的倾向。

沉寂与辉煌

明代初年，结束了元末以来社会动荡不安的混乱局面，经过近百年的努力，经济得以复苏和发展，政治和社会相对稳定。其间，统治者在"治国以教化为先，教化以学校为本"的教育理念下，大兴官学，强化科举考试，规定科举考生只能由学校产生，学校成为步入仕途的唯一途径，造成了明初百余年间书院备受冷落，陷入沉寂状态。

> 明代前期书院的发展历程，又可以分为两个阶段。第一阶段，自洪武至天顺年间，创建兴复书院共计143所。和元代相比较，时间仅少一年，书院总数却只有元代的35%。

在这期间，有不少书院被并入地方官学，连著名的白鹿洞书院，自元末毁于兵火，一直无人问津，岳麓书院在明初也处于荒废状态。少数书院虽得以保留，主要是用作祭祀之所，如洙泗书院、尼山书院只为祭祀孔子及其弟子，不复有讲学之举。

一波三折

「尼山书院」

与书院发展形成鲜明对比的是官学的盛行，而出现这种状况是有历史原因和依据的。

第一，这是明初书院政策的必然结果。明太祖下令"改天下山长为训导，书院田皆令入官"。按照元代官制，训导为山长助手，可以由山长聘请。改山长为训导，实际上就是将书院降级，进行冷处理。将书院经济命脉学田入官，实则是要从经济上整垮书院，最终结果必然是明初书院的萧落。

第二，大力倡导和发展各级官学教育。明初以"内设国学，外设郡学及社学，且专宪臣以董之"作为其文教方针，调动入官学读书的积极性。书院教育一时销声匿迹。同时在各地广设社学，将其纳入官学体系，以教养童蒙子弟，也是明代文教方针的重要内容。社学的广泛设立，使原有的乡村家族书院发展举步维艰，严重制约了明初书院的发展。

第三，明代前期书院的落寞沉寂，还有一个重要的客观原因，就是明初的政治形势较元初要好很多。元代作为少数民族建立的政权，其性质就决定了阻力较大，受到来自传统汉族官绅的强力反抗，而明朝则恰恰相反，以代表汉族利益的政权崛起，推翻蒙古贵族统治，其政权的号召力大大提升，也得到长期受压迫的汉族士大夫的大力支持。他们纷纷出山，参与朝政。同时，明政府又实行"推访"、"采举"等政策，网罗人才入官学。

第四，明政府极力提倡科举，实行八股取士，并将科举与学校紧密结合。学校与科举的关系，使得士人为博取功名而前往学校接受教育，书院之学逐渐变得冷清。政府大肆宣扬学校，以科举辅之，士人更无意再兴书院。因此，明初百余年间，书院难以振兴，而长期处于静默状态。

第二阶段为明宪宗成化年间至孝宗弘治年间，创建和修复书院172所。由于宦官势力膨胀，政治日渐腐败，社会矛盾加剧，官学教育和科举考试弊端丛生。

在这种情况下，一部分朝臣和读书士子担心文教事业每况愈下，强烈要求朝廷采取措施，统治者开始主动提倡建书院，支持书院建设，同时着手恢复书院讲学，以弥补或纠正官学和科举之弊。白鹿洞、岳麓两座著名书院也相继修复，确实起到了"流声光于天下"的作用。

明代正德年间，书院进入极盛时期。"缙绅之士，遗佚之老，联讲会，立书院，相望于远近。"其直接原因是王阳明、湛若水等一批名师巨儒提倡书院教育以聚徒讲学。据统计，明代共建书院近1699所，其中正德之前所建500多所，正德年之后所建1100多所。也就是，朱元璋建明至正德元年近140年所建书院，仅占明代书院总数的30%；正德之后不足140年间，所建书院占明代书院总数的70%。而正德、嘉靖两朝共60年，却建书院达634所，超过正德前140年所建书院的总和。在王阳明、湛若水等人及其弟子门人讲学活动的主要地区，书院增设更盛，如江西书院265所、浙江173所、广东（含海南）149所，三省之和近600所，占全国书院总数的1/3以上。

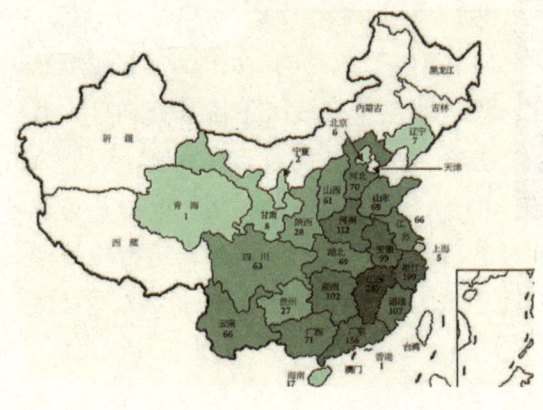

「明代书院分布图」

书院新动向

明代中期出现了资本主义生产关系的萌芽，商品经济的繁荣带来市民阶层的初步觉醒。书院作为我国古代知识分子讲学授徒、治学读书的教学机构，往往以探究圣贤之道为主，也决定其受众为士人，到明代则发生很大变化。城镇官府书院向平民百姓开放，及至中期，随着平民教育的开展和平民儒者的出现，下层民众的身影出现于书院讲堂，书院教育也呈现平民化色彩。

其中不得不提到王阳明建造书院讲学。王阳明在镇压农民起义过程中，

"破心中贼"胜于"破山中贼",希望通过广泛的书院讲学教化民众,让平民阶级能讲信和睦,成为善良子民,形成仁厚之风。在王阳明看来,基层书院的职责不仅要从娃娃抓起还要教导其父母兄弟,在普通民众中广泛形成敬爱亲长、忠信礼义的风气。

在王阳明等鸿儒名师的平民教学思想影响下,平民教育逐步开展起来,书院的发展也出现了满足平民教育需求的积极倾向。书院向下层民众开放的同时,本来就处乡村的家族、村社书院也开始了职能的转变,服务对象不再局限于子弟,而扩至族人乡党。书院教育也不仅限于读书识字,讲学化民、习礼成俗也成了日常功课。可以说,明代书院平民化倾向,是书院历史上前所未有的现象。

> 社会经济的持续繁荣,人们的文化需求不断得到提高,明代书院内涵也不断延伸,出现了比宋元时期更多的不同形态和类别的书院,显示出明代书院发展的新动向。其中具有时代特征的要属王府书院和军事书院。

明代皇家藩王加入书院建设的行列,并创造出了独具特色的王府书院刻本,也构成明代书院发展的一道靓丽风景。它既表明皇室成员对书院的支持,也反映出书院满足藩王这一特殊人群的文化需求。

为了巩固统治、加强中央集权,朱元璋将子弟分封各地当藩王,并严格规定藩王在政治上不得参与朝政和干涉地方政务,但各藩王社会地位较高,经济势力强大,政治不得志,便转向文化事业,加入书院建设的队伍。如宁王朱宸濠创建阳春书院,网罗人才永丰王朱厚燫给白鹿洞书院捐田助学等;还有诸多藩王府书院把刻书作为主要事业,据记载,至少有9所王府书院曾经刻书。

关于书院军事教育,早在宋元时期,就有相关记载。元代,蒙古族人千奴建历山书院,要诸生"暇日习射御,备戎行"。由此可知,书院实施军事教育,也是由来已久的传统。明代则是在这一传统基础上,建置专门从事军事教育的肄武书院。从此,武书院得以和文书院并立而行,正式进入我国军事专业教育领域。它的出现,大大拓宽了书院的文化内涵,在中国书院发展史上具有里程碑式的意义。

为了满足辖下军民日益增长的文化教育需求，一些兵备道、参将、守御等名目的军事指挥官，开始在其卫所驻军之地创建书院，招收武臣子弟及军中俊秀。

心学王阳明

中国思想史上，有一个"陆王心学"的说法。"王"，就是指王阳明。王阳明，名守仁，阳明是后来他自己取的号，后人尊称阳明先生。王阳明是浙江余姚人，父亲王华是明成化十七年（公元1481年）的状元，科名震动朝野。在书香世家的熏陶下，加上自身的勤勉好学，王阳明成就了出类拔萃的文韬武略，也成就了传奇的一生。

「王阳明」

能文善武，文治武功，一直是中国读书人所期盼的，王阳明则具备这些才能。最能突出军事才干的事件要数平定宁王朱宸濠叛乱。

正德十四年（公元1519年），明宗室宁王朱宸濠起兵造反，声势浩大，率六万大军一举攻占九江、南康，又举兵攻安庆，有顺流而下直取南京之势。一旦占领南京，即可凭此称帝，形势相当危急。王阳明正奉命去往福建路上，听到消息后，当机立断，迅速回到吉安，檄调了八万兵马，火速袭击朱宸濠的大本营南昌，与其大战于黄家渡、八字脑、樵舍等地，大败叛军，在叛乱发生后仅仅三十五天就生擒了朱宸濠，平定了一场有可能引起长江流域大灾难的叛乱。平叛让我们看到了王阳明军事上的谋略与胆识。

然而造化弄人，立如此大功，王阳明却面临了一次严重的政治危机。正德皇帝好大喜功，自封"威武大将军"御驾亲征，想过一把瘾，顺便以亲征名义留在江南玩乐，结果刚行军河北，就接到王阳明平叛捷报，大为扫兴，接到消息后，秘而不宣，继续南下。加上奸臣嫉妒，恶意在皇帝面前挑唆中伤，皇帝龙颜大怒。王阳明捉到朱宸濠也不敢献给正德皇帝，只好绕道杭州，将朱宸濠交给正德宠信的太监张永，由张永转交给正德。最后这件事以王阳明重改奏报，将平叛之功悉归皇帝而告终。

王阳明载入史册的还不是其军事成就，而是"心学"。

中进士后，一开始王阳明的仕途还算顺利，正德皇帝继位后，宠信宦官，于是文官们反对宦官参政，王阳明也卷了进去，结果被正德和宦官刘瑾下狱，廷杖三十后又贬到贵州的龙场做驿丞。从此，王阳明与书院和讲学结下了一生的缘分。贵州地处长江上游的崇山峻岭之间，在明成祖时期才单独设省，经济文化都较落后。王阳明到来后，只好住在石洞里，后来才盖了一座房子，有居室，有客厅，还有凉亭，王阳明称之为龙岗书院，居室称为何陋轩，凉亭称为君子堂。远近慕名而来的学子渐渐多了起来，王阳明就开始做他学为圣人的事业。

龙岗书院在历史上能够留名，也是因为它与王阳明的龙场之悟有关。龙场之地没有书，王阳明只能苦思冥想，到后来悟出了一个在中晚明时期惊天动地的"圣人之道，吾性自足，不假外求"，历史上称之为龙场之悟，揭开了王阳明心学的开端。

「龙岗书院」

王阳明在龙岗书院时候不长，名声就传遍了贵州，贵州提学副使席书赶到龙场请教，问王阳明朱陆的异同。王阳明既已自创体系，对朱陆的异同也不挂心上，只是以龙场所悟作答，席书听了不得要领，折回贵阳。这样在贵阳和龙场跑了三趟后，席书终于拜服，并回贵阳创办贵阳书院，请王阳明主教。席书提学贵州和王阳明在贵阳书院的讲学活动，使贵州的文化教育水平大为提高，明朝政府也适时提高了贵州在科举中的地位。

后来，王阳明又倡导"知行合一"，并在贵阳文明书院公开宣讲"知行合一"学说，否定程朱理学的"先知后行"观点。而后在平叛过程中，王阳明有功非但无奖还屡遭陷害，使他深感良知的重要性，提出心学另一个命题：致良知。至此，构建起完整的王学体系，与程朱理学分庭抗礼。

王阳明学说与程朱理学另一个不同之处是，王阳明从简易的良知为论点，不仅适合士人研读儒家经典，也适合普通大众从中汲取精神营养，作为日常生活的精神慰藉，而不同于程朱理学的繁杂琐碎、无所不包的庞大体系。王阳明学说的这种观点，也恰好适合明代社会发展趋势以及市民文化的繁荣。

在长达20余年的书院教育实践中，王阳明形成了自己独特的书院教育思想。非常重视以师友之间交流论辩为主要交流方式的书院讲会活动，一生所到之处都重视创书院和兴讲会。明代中后期书院讲会之风大盛，最初得益于王阳明的倡导。他不仅确立讲会的时间和地点，而且还确立讲会规则，对明代书院规章制度的建设作出了重要贡献。

王阳明讲学不拘一格，侧重于启发式地让个人去领悟，这也是中国自古以来私学教育的优点之一，孔子就是因材施教的典范。王阳明讲学，认为立志为求学的根本。

书院四次禁毁

明朝后期，政治日益腐败，思想控制不断加强。而随着书院的兴盛，也屡屡遭致祸端。从嘉靖以后，连续四次禁毁书院，政治对书院的干预达到了顶峰，书院也由此走向衰弱。

第一次是嘉靖十六年（公元1537年），御史游居敬上疏，斥责南京吏部尚书湛若水"倡其邪学，广收无赖，私创书院"，请求皇帝"戒谕以正人心"。嘉靖一方面慰留湛若水，另一方面则令所司毁其书院。于是同年四月下令罢各处私创书院。这次遭殃的只是湛若水创办的书院，其他各地书院仍照常活动。

第二次是嘉靖十七年（公元1538年），吏部尚书许赞，以官学长期不能得到维修改善，反而四处多建书院，聚集学徒，动费万金，耗财扰民为借口，上奏嘉靖，嘉靖下令尽毁天下书院。当时严嵩当权，这次毁书院，实际上是宰相严嵩的意思。只是这次许赞找的借口看似合乎情理，以书院发展影响科举考试，浪费大量财力物力为理由，得到皇帝的赞同，致使书院再次遭到毁坏。两次书院的打击对象都是湛若水，当然这也只是许赞等以此为突破口，打击王阳明及其讲学门人。总的来说，两次书院禁毁破坏并不太大，处理的大多是官办书院，范围也由南京扩散到全国，但其他书院后来还是照常建立运行。

第三次禁毁书院是在万历年间张居正执政时期。张居正一手策划，由万历三年（公元1575年）的不许建造书院到万历七年（公元1579年）的禁毁天下书院。早年，张居正就对书院讲学特别厌恶。他曾写信给宪长周友山，指责当时书院讲学为作伪乱学，讲学的人也都是假装好学，其实沽名钓誉。张居正是徐阶的弟子，而当时朝廷有一批官吏为了攀上徐阶，假装建书院倡导讲学，实际借此把持郡邑，导致张居正对讲学嗤之以鼻。

万历七年（公元1579年），常州知府施观民以建书院为名搜刮民财，引起民愤。张居正便借题发挥，奏请皇帝诏毁天下书院。万历年间大规模的禁毁书院由此开始，这也是明代毁废书院最严厉的一次，先后毁坏书院64所，书院发展势头也因为这一政策大大受阻。直到张居正死后，书院政策才得以废除，朝廷下旨恢复被毁书院。有记载称，张居正禁毁书院的真正原因是害怕书院讲学，聚众过多，议论时事，动摇朝廷统治，恐有祸乱发生。不论出于个人喜好还是政治原因，张居正禁毁书院比嘉靖年间禁毁书院的规模更大，措施也更加严厉，也造成一定的负面影响。

庆幸的是，书院讲学已深入人心，虽禁犹存。当时有些书院是名毁实存，以各种方式保存下来。只是迫于张居正的政治压力，采取阳奉阴违的策略，设法保存书院，如长沙惜阴书院、瑞州筠阳书院、江西贵溪象山书院等。万历年间虽有张居正禁毁天下书院之举，但万历年间的书院数目反而不少，在整个明代仅次于嘉靖年间，新建修复书院295所，居第二位。

第四次禁毁书院，就是天启五年（公元1625年）魏忠贤禁毁东林书院，进而殃及其他书院。魏阉党人掌权后，实施禁毁书院政策，完全出于报复政治团体，一直为人诟病。

天启年间，宦官魏忠贤与熹宗乳母勾结，独断专权，把持朝政，不择手段排除异己，祸国殃民，民不聊生。东林学派聚集一帮有志之士，主张除民贼，直斥阉党集团，遭到他们的妒恨。于是魏忠贤等下令尽毁天下书院，而且手段狠毒，用心险恶，令人发指。阉党拆毁书院，不许存留片瓦寸椽，残酷到极点，东林书院几乎全部被拆毁。名臣左光斗、杨涟等都在被害之列，东林领袖高攀龙不愿辱身于贼手，从容自尽。可以说，天启书院罹祸，致使书院数量大减，也使明代书院再难以有所建树，其本质也是阉党打击异己的政治行为。

总的来说，嘉靖初禁，抑制了书院的强劲发展势头。万历再禁，终结了书院的兴盛局面；天启三禁，书院几乎气绝。沉寂百余年的明代书院再度辉煌后，就这样一步一步地被断送。这就是四次禁毁书院所带来的最直接的后果。

天下东林书院

"风声雨声读书声声声入耳，家事国事天下事事事关心。"这一千古名联，一直为世人广为传诵，成为许多能人志士的共同心声和座右铭，正是出自东林学者顾宪成。东林书院位于无锡城东南，创建于北宋，是学者杨时长期讲学的地方，杨时是理学大师程颢、程颐的高徒，东林就是其弘扬师说、传播理学的重要基地，讲学十八年，成就众多人才。杨时离去后，书院逐渐废弃。明朝万历三十二年（公元1604年），由顾宪成等人重新修复并在此聚众讲学，他们倡导"读书、讲学、爱国"的精神，引起全国学者普遍响应，一时声名大著。东林书院成为江南地区人文荟萃之区和议论国事的主要舆论中心，甚至有"天下言书院者，首东林"之赞誉。东林书院一时成为书院的代名词。

顾宪成因为在政治斗争中失败，被返原籍，决定以讲学为业。虽然顾宪成做的官不大，但其学识和品行却受到同乡的极大赞赏，一时顾家士子云集，昼则书声琅琅，夜则烛火通明，使得顾宪成感到需要固定场所

「东林书院」

进行讲学探讨学术。于是，顾宪成在官府批准下，以系道脉、树风声为己任，率顾允成、高攀龙、安希范、刘元珍、叶茂才、钱一本、薛敷教（时称"东林八君子"）等倡导捐资，得到官民资助，筹1200两银子，重建东林书院于城东故址。修大门、牌坊、东林精舍、丽泽、依庸二堂及燕居庙、道南祠、藏书楼、山房、草庐、书斋、学舍等建筑，供奉孔子，祀杨时，置田200亩、地16亩，作为院中经费。顾宪成为东林书院首任主讲。

重新修复后的东林书院，规模不大，布局严整紧凑，一色硬山式建筑法式，显得超然、古朴。建筑布局采用"左庙右学"形制，左边建有祭祀建筑——道南祠等，右边为讲学建筑。另外还有藏书及生活用房等。整座书院虽然简陋，但前有绿水近绕，岸柳垂青，粉墙碧瓦，石坊高耸，虽处城内，却无车马喧杂，庄严清寂，院内松柏苍翠，群芳吐艳，环境幽寂，是理想的讲学场所。

重建后的东林，除了日常的功课之外，讲会是其一大特色。东林对讲会的形式和内容有详细的记载。每年一大会，大会十日，春秋时节，临到时期再来商议。大会的仪式十分隆重，恭捧圣像，盛装出席，行四拜礼，礼毕才进讲堂。仪式表现对先师圣人的敬重。仪式进行中，长幼有序、尊卑有别，儒家思想的精髓得以体现。每月小会三日，仪式相对简单，但是不管怎样简化，对孔子的祭拜是最基本，也是最核心的仪式。讲会内容则主要为四书。可以说此时东林书院是一所典型的社团性书院。

顾宪成的《东林会约》是标明东林书院讲学宗旨、治学之方、学术趋向的纲领性文件，其中的《会约仪式》则就会中组织、会期等具体问题作出规定。这表明东林书院继承杨时精神，上承周程，下接朱熹，以程朱理学为宗，反对王学末流的放诞，不务实学，无所归宿的陋习，主张人人提倡气节，个个讲求实学。由于讲会的巨大社会效应，东林书院得以在朝野中声名鹊起，一时间朝野士大夫争相赴会，长江流域的学子士人没有不以进东林讲会为荣。东林讲会既为东林赢得了声誉，也引起了掌权者的恐慌，东林党的称谓由此产生。正所谓成也讲会，败也讲会。

讲会制度产生于南宋时期，明代中叶之后最盛，直到清初仍很盛行。明代中后期，读书人或联讲会，或开学会，或结社为盟，形成了很多社团组织，也就创造出颇具时代特色的社团书院。之所以称作社团书院，是因为这类书院已经具备了现代社团的基本特质。有自己的书院，或者讲会由书院主办，与会者或在其中讲学、授业、传道，还可以进行学术交流。王阳明、湛若水和他们的弟子讲学活动，对讲会制度的发展起了推动作用。王阳明提倡心学，其弟子在各地分成不同学派，从不同的角度解释传播致良知学说。湛若水在各地建书院以讲学，他的弟子很多，也是随处建书院，终日讲学。一时之间，讲学之风盛行。而且不少著名学者不远千里赴讲，准时到会，仪式很是隆重。

东林书院一堂师友，冷风热血，洗涤乾坤，从一个明代中期既有的社团性传统出发，在官方的禁毁中，顽强地坚持二十余年，开创出了书院扭转学术风气、关心天下时政的新传统，东林书院的社团性质是显而易见的。顾宪成亲自为东林书院制定了院规，宗法白鹿洞书院，其要旨就是孔孟之道，而且东林会规比之白鹿洞会规，内容更为全面、具体，可操作性强。《东林会约》的规程可算得上古代书院所订会规中最为完备之一。每年甚至每个月都有组织地召集士人聚集，共同探讨学术甚至政治问题，每次大小会的主持人也由公推产生，可见制度之完善。

> 东林书院闻名于当时，不仅因为其讲会盛行，学术主张切中时弊，更重要的是它把学术活动同政治斗争密切结合在一起。积极参与当时的政治活动，扩大了书院的影响，提高了社会地位。"讽议朝政，裁量人物"是东林书院树立的新学风，东林书院不仅是一个教育组织、学术组织，而且成了一个舆论中心，甚至政治活动中心。

所以，当时凡是与东林书院有关系和有来往的人物，都被指控为东林党，后来，甚至与东林书院全无关联，只是与当权者意见不一，也被视为东林党。

日渐黄昏

经过800多年的发展,我国古代书院在清代进入鼎盛时期,无论是地域分布还是数量上,都是前所未有的。然而时至清末,在东西文化冲突下,随着学校改制而湮没于历史尘埃中。

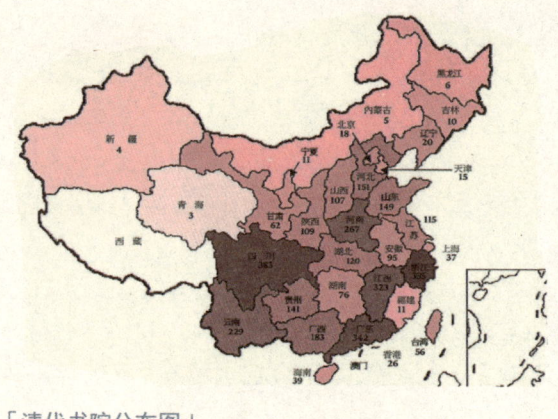

「清代书院分布图」

公元1644年，李自成率军攻占北京，明朝灭亡。随后清军入关，入主中原，君主专制发展到顶峰，我国统一的多民族国家得到巩固。经过800多年的发展，我国古代书院在清代进入鼎盛时期，无论是地域分布还是数量上，都是前所未有的。从分布区域看，除西藏以外的其他行省，皆有涉及；从数量上看，共建有3868所，远远超过历朝历代新建的书院，且基本普及城乡。至于书院种类、藏书品种、规章制度以及学术探讨等都进入前所未有的繁盛。然而时至清末，在东西文化冲突下，随着学校改制而湮没于历史尘埃中。

官办书院，辉煌鼎盛

清朝作为第二个由少数民族建立的大一统中央政权，在统一全国之后，同宋末一样，出现大量士人反抗新政权，采取不合作的方式。为巩固统治，统治者吸取明代的经验教训，一方面，以文化手段笼络人心，尊奉孔子，提倡程朱理学，以科举取士，兴办官学等。另一方面采取高压政策，如令汉人削发，大兴文字狱等，并对书院采取严厉的控制措施，而不是像元世祖那样对先进文明深怀尊崇和敬畏，并诏令保护和支持书院发展。

> 东林书院作为自明代万历以来的讲学风标，在高攀龙从子高世泰的主持下，清初三十余年间高扬讲学大旗，结交天下讲学之人，红遍江南，仍在发扬东林讲学的传统。清朝统治者担心士人聚众讲学会形成反抗政府的力量，将其视为一种政治威胁，也决定了一开始对书院采取压制政策，以维护统治的稳定。

日渐黄昏

顺治九年（公元1652年）通令"不许别创书院，群聚徒党"，还颁布政策限制已有书院行为,限制书院师生的言论、集会、结社和出版自由等，以此限制书院的发展。但是，书院在近千年发展中显示其顽强生命力以及在文化教育事业的发展中占有极重要的地位，特别是在汉族知识分子中有重要影响，简单的禁令只会加剧社会矛盾，压制政策还未持续多久，各地发出修复书院的声音不绝于耳，统治者只好有限度地允许书院讲学，并且开始表彰某些书院。书院发展开始出现转机是在顺治十四年（公元1657年），时任湖南巡抚袁廓宇上疏请求修复衡阳石鼓书院，以"表彰前贤，兴起后学"。朝廷批准请求，标志着清朝对书院的政策开始有所松动，书院正式进入恢复发展时期。

「石鼓书院」

到了康熙一朝，皇帝开始直接支持书院建设。康熙二十六年（公元1687年）手书"学达性天"匾额赐给朱熹当年所建的武夷五曲书院、婺源华阳书院、庐山白鹿洞书院和长沙岳麓书院。康熙二十九年（公元1690年），又手书"大儒世泽"匾赐给朱熹晚年讲学之所福建考亭等书院。康熙六十一年（公元1722年），再书"学宗洙泗"匾额赐苏州紫阳书院。

康熙通过对书院赐额、赐书，以表示朝廷对书院的引导和支持，同时也反映了康熙皇帝对程朱理学的提倡，并以此加强对思想的控制。程朱理学最初从书院产生，又通过书院传播，康熙皇帝希望书院继续成为程朱理学教化人心的重要阵地。事实上，它的直接结果是，程朱理学成为书院讲学正宗，盛行讲会的明代东林讲学传统受到批评，可见其试图通过程朱理学打压有碍于集权统治的东林讲会之制，将书院发展引入有利于自身统治的一边。除了赐书赐额之外，康熙皇帝鼓励满洲贵族建书院，开创清代满族书院建设之先河。在收复台湾之后，第一次将书院推广到了宝岛，开创了台湾书院建设的新纪元。

凡此种种，显示了朝廷对书院的态度。因此，各地官府及民众也就开始争相兴复、创建书院。据统计，康熙年间共创建书院 785 所。

雍正年间，书院开始从消极抑制转为积极的支持。在皇位逐渐得到巩固之后，从雍正十一年（公元 1733 年）起，调整方针政策，在禁止私人创办书院的同时，开始提倡官办书院。不仅明确各地创建省会书院，还赐金 1000 两作为书院士子的生活费用。根据谕令，各省陆续兴办书院，并使之成为省内的最高学府，先后修复或创建的书院多达 23 所。在这之后，各府、州、县也纷纷设立书院，并被纳入了官学的轨道。

乾隆即位，清朝进入鼎盛时期，书院发展也进入一个高潮阶段。乾隆皇帝好大喜功，一方面坚定不移地支持书院发展，另一方面又竭力控制书院的教学和研究方向，书院讲学由程朱理学转为经史考据之学。清初以程朱理学为官方哲学，及至康乾之间，书院讲学之人，转为注重考订名物训诂者，世称朴学，也叫汉学。然而经史考据之学的盛行，有程朱理学过于繁琐导致，更重要的是严酷的文字狱使得士人只能埋首故纸堆，在某种程度上，推动乾嘉汉学的发展，由此书院与乾嘉汉学以一体化形式而获得大发展，营造出共同的辉煌。

史书记载，乾隆皇帝曾多次巡游江南，附庸风雅，经常前往书院考察，吟诗作对，题词就成了其家常便饭。他曾三游保定莲池书院，并赐额，高挂于书院万卷楼，又作诗赞书院盛景。还有杭州的敷文书院也是乾隆下江南的必游之所，书院环境清幽，书声琅琅，每每触景生情，即兴赋诗，激励书院发展。敷文书院前身为西湖畔的万松书院，宋代时原为报恩寺，元代末年废弃。明代浙江右参政周木因旧寺址改建成为万松书院，其规制大致上仿照官学。中间为大成殿，供奉南宋太学的孔子石像，前面是仰圣门，左面是曾唯亭，右为颜乐亭，后面是明道堂、毓秀阁。东西有两个斋舍，叫居仁斋和由义斋。另外延请孔子后裔负责祭祀。嘉靖四年（公元 1525 年）主持浙江乡试的侍御潘景哲增修扩建万松书院，还专门请王阳明写了著名的《万松书院记》。后来年久失修，到清代康熙年间又多次修复，康熙五十五年（公元 1716 年），康熙钦赐御书的"浙水敷文"额，于是改称为"敷文书院"。雍正十一年（公元 1733 年），敷文书院成为省会书院，由于朝廷扶持，影响不断扩大。

苏州紫阳书院也是乾隆最喜欢光顾的场所，五游紫阳，留下诗词题跋。

日渐黄昏

而在书院史上，以"紫阳"命名的书院很多，分布在徽州、苏州、杭州、漳州、汉口等地，大多处于长江流域。"紫阳"是理学大师朱熹的号，人们以此名命其书院大多是为了纪念他和尊崇理学。在众多"紫阳书院"中，杭州、苏州、徽州三地的紫阳书院最为有名。

以徽州紫阳书院为例，徽州是朱熹祖籍之地，他生前曾两次回徽州访亲祭祖，并讲学其间。郡守在城南紫阳山麓创立书院，不久得到理宗御赐的"紫阳书院"匾额，书院与祭祀朱子的祠堂合为一体，成为本地宣扬理学的重镇，也因此奠定了徽州地区的学风。乾隆皇帝赐"道脉薪传"匾，以褒奖书院传承程朱理学的贡献。乾嘉以后，徽州虽为朴学重地，但紫阳书院以祭祀朱子、宣扬朱熹理学思想为宗旨，以《白鹿洞书院学规》为纲，读朱子之书，传文公之教，讲德进业，一直延续程朱学脉。

乾隆对书院的积极政策，使得其在位期间，书院进入高峰时期，可谓遍地开花，共新建修复1298所书院，是历朝历代的首位。

到同治中兴时期，书院进入最辉煌的发展阶段。据统计，同治年间创建书院366所，恢复旧书院14所，合计380所。光绪年间，继续保持高速发展的态势，修复新建书院682所，总数仅次于乾隆、康熙而位居第三，年平均数为23.517所。可见，同治、光绪约40年间，书院进入其史上从未有过的高速发展期。战乱初定，有志之士痛定思痛，认识到西方科技的先进性并借此谋求自强发展，书院与时俱进，开始与现代教育接轨，加之统治者希望借助书院平定人心，由太平天国时期的武备转为文教，官方与民间合力，造就同治和光绪两朝书院的辉煌鼎盛。

总的来说，清代官办书院办学经费充裕、师资力量强、教学质量高、廪饩及膏火资源丰厚，成为清代科举教育的最重要力量。

人累科举，另类书院

清代绝大多数书院已演变成同官学无区别的考课式书院，并同官学一样沦为科举的附庸。但也有几所独具特色、影响极大，在学术史和教育史上占有重要地位的书院，且讲学之风仍然在这些书院中得以延续。在官学考课和科举之风弥漫书院之时，这类书院更强调读书，只不过读书不纯是为了科举。这些另类书院分别是黄宗羲的宁波甬上证人书院和阮元的诂经精舍。

甬上证人书院是明清之际杰出的早期启蒙思想家、著名教育家黄宗羲创办的。

「黄宗羲」

作为一代大儒，一直带着传奇色彩。明万历三十八年（公元1610年）黄宗羲出生，其父黄尊素为万历进士，东林党人，因弹劾魏忠贤而被削职归籍，不久下狱，受酷刑而死。天启朝冤案平反，上书请诛阉党余孽。刑部会审，出庭对证，当众痛击崔应元，拔其胡须归祭父灵，人称"姚江黄孝子"，明思宗叹其为"忠臣孤子"。黄宗羲归乡后，发愤读书，师从著名哲学家刘宗周，得蕺山之学。清军入关，召集青壮年，组织抗清，兵败后隐居，入清拒仕，著述以终黄宗羲曾自云一生有三变："初锢之为党人，继指之为游侠，终厕之于儒林。"这正是黄宗羲一生的写照。

康熙七年（公元1668年），黄宗羲应众门人之请，赴宁波讲学，遂创甬上证人书院。甬上即以宁波为中心的浙东一带，结社讲论之风盛行，故子弟多结文社。先后有秋水社、澹园社、文业之会，又有策论会。康熙六年（公元1667年）策论会曾联合甬上27人，集体到余姚黄竹浦向黄宗羲拜师求学，返回宁波后，成立讲经会，根据黄宗羲"受业者必先穷经，经术所以经世"的思想作为讲经会的宗旨。黄宗羲本人也于同年在绍兴恢复了证人书院，并亲自主讲教席。甬上学子得知后，就邀请黄宗羲到宁波主讲，黄宗羲欣然前往，众人先在广济桥，后在延庆寺相与讲会，并用"证人"为名，一般认为甬上证人书院这时就正式创立了。

甬上证人书院没有固定的地址和讲堂，这是它与一般书院不一样的地方，但它的讲学精神以及培养的人才等都不逊色于两宋时期那些著名的书院。由于没有固定的地方，甬上证人书院多借僧寺、祠堂，或在学生家中讲习，颇像一个流动的讲学团体、学术团体。一般都由黄宗羲主讲，每月两次，每次一天。早晨，学生齐集到某一家中，各自手执经书听讲，中午吃点简单便饭，连酒水也不备，然后接着再讲，一直讲到天黑，有时甚至晚上还点灯会讲。讲学并不固定在哪一家，由学生各家事先约定，轮到的要负责会讲诸人的中饭，有时还有晚饭。

黄宗羲在甬上证人书院讲学，在教学方法上，采取了黄宗羲讲学和学生自学相结合的方式，主张独立思考和思想自由，学生先各自研读，然后集中在一起会讲，最后由黄宗羲来解疑。强调穷经、读史、经世，力改明末空疏浮华浅薄的鄙陋学风，力主改革以科举取士的教育制度，提出了培养、选拔人才应坚持宽于取而严于用的原则，以及不拘一格选人才的"取士八法"。主要教材是儒家六经、史学著作和天文、历法、数学等，也是黄宗羲实学思想和初步民主意识在书院讲学中的表现。

此外，他又提出了"天下为主，君为客"的思想命题，确认人民是国家的主人，君是由民请出来办事、为民服务的客人，被学界公认为已经有了民主思想的启蒙。对于法制问题，黄宗羲主张用天下之法取代一家之法，并提出了"有治法而后有治人"的思想命题。这些思想主张，已经明确地包含了天下是人民之天下，应由人民共同治理的民治思想，包含了以万民之公法治理天下的法治思想。经济上，提出"工商皆本"的政策主张，在客观上顺应了资本主义经济关系产生和发展的历史要求，具有启蒙意义。

甬上证人书院时间持续了十多年，黄宗羲主讲了8年，到康熙十四年（公元1675年）就结束了讲学活动，书院一度停办。第二年黄宗羲到海宁主持讲席，从此再也没有回到甬上证人书院。

甬上证人书院之后以讲学和研究为主而又影响深远的就是杭州的诂经精舍和广州的学海堂。我们在此讲述以长江流域由阮元创建的诂经精舍。

阮元是江苏仪征人，一生大部分时间为封疆大吏，三朝阁老，九省疆臣，是清代中期的一代名臣。25岁中进士，但对科举的教育体制很不满，决心穷究经学，广泛涉猎自然科学，接触西方数学和天文学，他的学问渊博，与清代经学大师戴震齐名。担任浙江学政时，就开始改革当时杭州的敷文、紫阳和崇文三所书院的考课，增加天文算学作为专门的一科，招收一些有真才实学的士子送入敷文等书院学习，或直接让其中一部分人参加编纂《经籍纂诂》。嘉庆五年（公元1800年）出任浙江巡抚时，在杭州西湖孤山之麓，创立新型书院，名为"诂经精舍"。

诂经精舍在教学方法上有不少创新。教学以学生自学和独立研究为主，鼓励学生"识精而思锐，不惑于常解"，提倡集体讲议，辨难同异。注重培养学生虚心、务实的学风。同时，阮元亲自任教，除此之外还有王昶、孙星衍等人，他强调教师共同研究，各用所长，协力启迪学生。创办初期，讲授和月课的考试内容广泛，涉及《十三经》、《三史》疑义、小学、天文、地理、算法以及词章，同时还强调吸收西方自然科学，融入中国自然科学，扩宽学生知识面。

诂经精舍很快成为浙江传播文化和研究学术的中心，本地或外省的士子学人常常到精舍聚会，因为精舍内斋舍很多，常有许多学者和生徒都在这里借住。然而好景不长，阮元因事被革职后离开浙江，精舍无人主持，逐渐荒废。

在清代，绝大多数官学、书院学风腐败，不务实学，专事举业的恶劣环境中，阮元能够坚持踏实办学实在难能可贵。诂经精舍的意义在于开创了有清一代的实学风气，倡导一种与理学的道德主义相对的理性，客观上为书院与西方学校的融合提供了一种可能的中介。随后，各地都开始按照诂经精舍的模式，设立了一些专习经史词赋而不课科举课程的新型书院，这类书院中在长江流域一带著名的有南京惜阴书院、南昌经训书院、上海龙门书院、江阴南菁书院、武汉经心书院和成都尊经书院。但是这次书院改革的成果还没来得及被大部分书院消化，随着社会的变迁和西学东渐，书院制度又面临着更严重的挑战。最后，书院自身也被新式学堂所取代。

「惜阴书院」

西学东渐，教会书院

书院是中国历史上一种重要的教育机构，长期以来为施行教化、培育人才作出了贡献。近代新教传教士对书院的文化功效和教育功效十分重视，

日渐黄昏

相继开办了不少教会书院,在华的教育活动对中国从传统的封建教育向近代教育体制的转变有着重要的影响。在华创办的教会书院是中国近代教育变革的温床,直接影响了中国近代教会教育的发展。

> 教会书院是在中国的外国教会及其传教士们,取用"书院"这一中国教学组织形式,加以西方宗教思想理念以及科学技术、语言文字等内容,在西学东渐大潮中,新创造的一种书院类型。它是中西文化交流、交融的结果,为中西文化交流事业和中国书院的近代化作出了自己的贡献。

《南京条约》签订后,传教士得以进入通商口岸传教,但清政府禁止传教士传教的禁令仍然有效。由于禁令的威慑作用,传教士的活动不很活跃,这个时期只有13所教会书院建立。

从第二次鸦片战争失败签订的不平等条约开始到1900年止,是教会书院的兴盛时期。第二次鸦片战争以中国的失败而告终,清政府被迫与列强签订了《天津条约》《北京条约》。条约中有关于准许外国人到中国内地自由传教的条款,标志着中国政府对教会已不存在威慑力。传教士正是利用不平等条约的保护,迅速从沿海少数几个口岸推进到内地,这个时期新建的书院有50余所。

大发展时期的教会书院,有比较明显的阶段性特征。

第一,教会书院的招生对象从贫寒子弟转向精英阶层。教会书院在初创时期,大量招收来自清寒之家的学生,对他们不但免交学杂费,而且食宿衣着和书籍文具都由院方提供。后来,随着学生数量的增加,他们认为应该让富裕且聪明的中国人先得到上帝之道,再由他们去广泛宣传福音。这一点反映了处在社会转型时期的教会书院,其教育对象的明显转移。另外,为适应洋务运动所带来的社会急剧变化,以便能在中国真正立足,教会书院在培养目标上也进行了适时调整,强调以培养通晓西学、熟习洋务的人员为主,主张书院不再只是教牧人员的养成所。据统计,武昌文华书院在公元1894年以前的20余年间曾有300余名学生毕业,但从事教会工作的不足15人。显然,让更多的毕业生活跃在政治、经济、商业等领域,更符合教会的切身利益。又由于教会书院多设在沿海通商口岸，与当地的洋务机构及外国人把持的海关、洋行等有着密切的联系，毕业生的出路大多较为保险，这对官僚富绅家庭很有吸引力，纷纷送子弟入学，以至于有的书院人满为患。

「武昌文华书院」

第二，教学课程中西并重，在尊重中国传统的同时，又大力推销西学、西艺等西方文化科学知识。教会书院在课程设置上标榜中西学并重，有的要求学生熟读孔孟经书，了解中国传统文化；有的鼓励学生钻研八股试策，为参加科举考试做准备。但教会书院为适应社会对西学的追求，确定课程的主干部分是西学，而不是中学。此外，教会书院还重视艺术教学，安排学习琴韵等，以陶冶身心，提高文化素养。实际上，无论从课程门类的比例上，又或从课时上比较，"中学"均不及"西学"，但这种宣传，也反映出教会书院对中国传统文化的迁就。

第三，教会书院的教学形式基本是沿用西方当代学校的形式。教会书院借鉴本国学校的授课形式，突出教学层次，使得教学能够循序渐进，由浅及深，由易及难。中西书院仿照美国式的教育制度，实行完整的三级教育（初级、中级、高级），总学习年限为8年，学生由低及高，依次递进。分级教学的方法，中国虽曾有少数书院用过，但没有学制4年或8年的限制，而且大多数教会书院实行班级授课制，这在国人的旧式书院中也是罕见的。这些无疑会对传统书院的教学模式形成冲击。

从光绪二十七年（1901年）开始，是教会书院的改革、改制期。在此之前，中国传统书院的改革已开始进行，戊戌变法时，光绪帝即下令改书院为各级新式学堂。虽然维新失败，改革受挫，但不到五年，新学制出台，随又确立壬寅学制，慈禧再令改书院为学堂，于是具有1300余年历史的古老书院逐步过渡到近代学堂，完成了从古代向近、现代的飞跃。受其影响，教会在这段时间内只建立了少数几所书院。大多数先前建立的书院，也与全国书院同步进入了改革。随后，教会不再建立新的书院，这说

日渐黄昏

明为了迎合中国士人而建立的教会书院，随着中国书院历史的完结，也走完了它自己的道路。

> 总之，教会书院不是传统的中国书院，而是西方性质的学校。清末中国传统书院日益衰微，教会书院的出现和发展客观上促进了中西文化的交流，使西方先进的科学技术相继传入我国，开阔我国先进知识分子的视野，使他们从中看到了自己的不足，激起投身翻译和研究西方科技书籍及其各种科学技术的热情，进而推进我国科学技术的发展。

如西方历法的引入使我国天文事业建立在更科学的基础上；数学的传入使我国数学从重视实际问题应用到注重理论上的探讨；地理学的传入使我国的地图测绘工作走在世界的前列等，都与教会书院的教化影响分不开的。同时，中国先进的知识分子和维新思想的官绅也纷纷模仿和效法教会书院，改革我国旧式书院创办新式学堂，如上海格致书院等。可以说教会书院直接影响了我国近代教育的变革。

书院改制，千年终结

中国古代书院，自唐末五代，经宋、元、明、清，延续1000余年，在中国封建社会中后期学术文化思想和教育培养人才方面产生过重大影响，形成了一套优良的传统，积累了宝贵的经验，作出了重要的贡献。然而在西学东渐的刺激下，书院开始引入西学进行改革，到清末新政时期，政府诏令改书院为学堂。19世纪末20世纪初发生的书院改制，使以书院为代表的中国传统教育机构和教育制度被近代学堂所取代。从书院到学堂，这不仅仅有教育机构名称的更替，也包括以学习西方为重要特征的传统教育内部各要素的近代转化，以及从传统松散的、与科举分途的教育组织机构到建立合科举为一途的近代国家教育系统的变化，而这些变化存在于书院改制的整个过程中。

最早提出书院改学堂建议的是早期改良主义者郑观应，他提出应当广建学校，学校有大小，各有次第。认为首先解决普及义务初等教育问题，然后通过通商院、实学院、技艺院深造，杰出者再入太学院学习。为此他建议使各州、县遍设小学、中学，各省设高等大学，一体认真，由浅入深。

维新运动之前，人们致力于进行以学习西方为目的教育改革，改革或新建的书院与学堂名异实同，全国出现书院学堂并举的局面。传统教育内部的实质内容已经开始近代转变。近代教育改革实践是人们基于对西方学制的认识，仿照西方教育进行的各种尝试。清末的教育近代化，一直在沿着两条路径进行探索，在传统教育机构内部改革及外部新建新式教育机构，这使学堂一出现就处于和书院互补并存的局面。

这个时期建立的新式教育机构有以学堂为名的，也有以书院为名的，书院学堂名称混用通用的情况很普遍。传统书院内部，自各地中心城市开始，一些书院开始进行教育改革，引入西学，改革课程，从教学内容、教学模式、考试、招生、师资、教学设施等方面进行改革，表现出主动向西方学习的姿态。

以湖北武昌为例，由张之洞以湖北学政、湖广总督身份所办的经心、两湖书院，其创建之初以重经史，分算学、经济等六门，而区别于传统书院。光绪二十五年（公元1899年）正月，遵照慈禧太后省城大书院分天文、地理、兵法、算学四门讲授的懿旨，张之洞再改武昌两湖、经心、江汉三书院课程。改革的同时，张之洞还分期派遣书院学生到日本学习陆军、实业、制造、师范等专业，到比利时学习铁路、政治，赴法国学习数学，将西方当时最新的知识引入国内，以期推动书院改革向纵深发展。

> 中国人所办的新型书院，以甲午中日战争为分隔点，前后有些区别。在此之前，与传统书院的联系较为紧密，大体上是在旧式书院中添加西学课程，以中学为主，西学为辅，但总的趋势是，与旧传统渐行渐远，旧面貌愈来愈少。两湖书院作为全国书院改制中步伐较大、较快的书院便是最好的实例。

甲午中日战争后，书院培养目标由最初希望培养经世致用，"出为名

日渐黄昏

臣,处为名儒"的上层通才,转变为"惟以造真才济时用为要归",达到以中学为体、西学为用,培养具有新旧知识和某种程度上近代意义的通才,中西知识兼容,能够促进富强、保国、保教的目标,为社会之用。

两湖书院的教学内容也是一个嬗变的过程。教学内容最初为经学、史学、理学、文学4门,光绪二十二年(公元1896年)废除理学和文学两门,留下经、史两门。光绪二十四年(公元1898年)张之洞依照学堂办法对书院进行改革。两湖书院分为经学、史学、地舆学、算学4门,图学附于地舆,诸生于4门都要兼通。同年,接着又增添天文、地图两门,"课士之法,分经学、史学、理学、文学、算学、经济学六门,延请分教六人,专门训课。"甲午战争失败后,两湖书院积极响应太后"讲求实学"懿旨,注重文武兼修,开设体操课,为习兵事的初步基础,书院注重武备,尤其兵法一课,成为当务之急。在书院后空地,有兵法体操棚,在学习之余,诸生练习简易的招式,如空手体操、运动木椎、铅椎等基础。此外有放枪练习及行军两种课程。

中西科目都有,在当时书院中可谓一绝。两湖书院的教学内容前后经过几次调整,总趋势是在中学中添加西学课程,以中学为主,西学为辅,逐渐中西科目同时并进,到后来西学成分越来越多。两湖书院最初的经史科目的地位日益下降,西学占据主导地位,是书院朝向现代化迈进的大潮流。可以说,两湖书院是对传统书院进行改造向新式学堂的一种过渡,同时也是清末的经世致用思想到中体西用思想转变在理论和实践中的样本。

甲午战争,带来了两个直接的后果:一方面全国关于变法的呼声高涨,人们迫切希望通过变法迅速改变当前局面;另一方面,日本通过明治维新,改革教育,学习西学,30年而致富强的示范作用大大加强,国人希望通过变法使国家走上富强的道路,这其中也加强了对学校制度的研究。广大人民从中惊醒,认识到要自强变法,想要变法关键在于兴学育才,也成为国人的共识。然而广立学校,花费巨大。于是提出改革书院,利用书院已有的基础和条件,以实现尽快兴学育才的目的,由此成为一种呼声,同时也是见效最快的方式。

在这种背景下,书院改革在光绪二十二年至二十四年(公元1896—1898年)形成了一个高潮。当时朝野齐动,提出了好几套改革方案,而且每套方案都指导书院进行了改革实践，使得全国新旧书院都加入改革的队伍中。光绪二十四年（公元1898年）康有为再次提出，公私现有之书院、义学、社学、学塾，皆改为兼习中西之学校，省会之大书院为高等学，府、州、县之书院为中等学，义学、社学为小学。光绪皇帝接受了康有为的建议，七日后即发布上谕，通令执行。戊戌书院改制，随着维新运动而破产。书院改学堂虽被迫中止，但书院改制大潮已经势不可挡。

1900年，义和团运动兴起，八国联军侵华，占领北京。为了自保，慈禧太后被迫宣布变法，再行新政。光绪二十七年（1901年），湖广总督张之洞、两江总督刘坤一联名上奏，提出建立包括文武农工商矿各种学校的学制体系，并再度重提书院改学堂之议。新世纪的书院改制诏令，既有名正言顺的借口和台阶，又有壬寅学制、癸卯学制相配套，因而推行较为顺利，到清末，各省书院基本改制成学堂，其中两湖书院于1902年改制为两湖师范学堂。除了改学堂之外，还有几十所书院改为图书馆、陈列馆、纪念馆。一些废而不用的书院，也保护起来，成为国家、省、市、县各级文物保护单位，仍然为今日社会服务。

> 存续千年的古代书院，最终被新式学堂所代替。书院不仅为中国古代文化教育的发展作出了积极的贡献，也为近代教育的发展奠定了基础。书院长期积累的办学经验及教学的优良传统更是我国教育宝库中的珍贵遗产，为新教育的发展提供了有益的借鉴。古老书院的改革，千年的终结，也在新生中发挥着其亘古不变的教育职能。

文明传承

毫无疑问,文庙书院是儒家文化的代表。它们分布在全国各地,乃至山林之中,形成了庞大的文庙建筑群和书院群体,而这些文庙书院又都承担着各个历史时期以儒家文化教化世人的使命。

同根同源

如果说，寺庙是佛教文化的标志，道观是道教文化的标志，那么，毫无疑问文庙书院便是儒家文化的代表。文庙是地方官学与祭祀孔子庙宇的结合，因而既是供奉孔子灵位和祭祀孔子的神圣场所，又是当地推广儒家教育文化的中心。书院作为一种教育机构，其在培养人才过程中，也是传播儒家文化的过程。两者皆有祭祀功能，虽然侧重点有所不同，但都具有很强的文化传播功能，它们分布在全国各地，乃至山林之中，形成了庞大的文庙建筑群和书院群体，而这些文庙书院又都承担着各个历史时期以儒家文化教化世人的使命。文庙书院在文化上是同根同源，并集中表现在以下几个方面。

（一）儒学始祖的崇拜圣地

文庙作为古代祭祀建筑，是了解和研究儒家祭祀制度和古代庙堂文化的重要依据。祭祀作为书院三大事业之一，同样是中国古代庞大的祭祀体系与独特的祭祀文化中不可缺少的组成部分。而且很多大型书院中本身建有文庙，也就是我们前面提到的书院文庙，同样属于文庙的一种类型。**岳麓书院文庙是全国规模最大、建筑规格最高的一座书院文庙**。按照中国古代的教育制度，凡办学的地方就要祭祀孔子。无论是全国各地的地方文庙，还是各个书院中文庙或者祭祀场所，一直都祭祀儒学的祖宗——孔子及其一大批圣哲与先儒、先师先贤、乡宦乡贤。

（二）古代中国的教育基地

文庙是中国古代先人祭祀孔子的场所，更是进行社会宣教、传播儒学的学校。书院由私学发展而来，本身就是十分重要的文化教育组织。各地的文庙作为古代官办学校的重要组成部分，是传播儒学思想的场所。学中设庙，其功能主要是学生习礼之用，故文庙是古代各地兴办儒学的实物

「岳麓书院文庙」

史料。书院是我国古代一种独特的教育组织形式,以私人创办为主,具有很强的相对独立性和特色,在中国教育史上占有重要地位,与官学、科举并称于世。

通过文庙书院,我们可以研究、了解儒家学制和古代教育史。文庙书院是读书人云集的地方。文庙侧重于科举,士子求学并考上举人成为国家官员,仕途就此展开。书院则更倾向于德业并重的教育方式,不完全以科举为主要目的,历朝历代甚至出现书院抵制科举的行为。文庙书院合一的制度使得教育成绩十分突出。文庙成为封建王朝推崇儒教、显示崇儒重道的重要政治场所和传播儒学文化的学校。书院则在大师鸿儒的带领下,以其独特的方式传播儒家文化,教育士子。

(三)佛道文化的兼容互补

文庙书院作为儒家思想传播的圣地,其建筑本身也是一部儒学文化的百科全书。从其选址意向、空间布局,殿、堂、门坊的命名称谓,到门窗、匾额的装饰图案,院内花草树木的种植,处处展示着儒家文化的内涵。文庙书院建筑几乎处处体现儒家文化精神,在赋予各种建筑物名称和环境文化意义的同时,突出以礼来制约人们的外在行为,以忠、信来健全人们的处世诚意,以恭、孝、爱教育人们事亲敬长和友善兄弟。

在儒学发展的过程中,多次受到佛学、道教思想的冲击与影响,故在儒学圣地文庙和书院中,有时可以看到它对佛、道文化艺术的吸收。前文提到唐五代山寺、道观、书院连阁共泉,交相错处;僧侣、道人、儒生齐集一起,便是儒释道三者的相互交融的画面,也是书院产生的思想文化背景。儒学具有博大的兼容和包容性,具有超越宗教界限的生命力,它对佛道文化艺术的吸收,丰富自身内涵,使得儒家文化更加博大精深。

> 文庙书院不仅是历代统治者和读书人尊儒祭孔活动的历史见证，也是综合体现中国传统思想文化的载体，更是劳动人民智慧的结晶。文庙书院自建立以来，对中国社会的发展产生了重大而深远的影响。

文化传承与教化功能。自隋唐以后，儒学得到了长足的发展，并逐渐发展成了中华民族传统文化的主干，文庙书院则是这一文化的重要载体。统治者厉行其教化功能，以儒家之道践行封建礼制，以"君君、臣臣、父父、子子"的礼制秩序维持自身统治。祭祀孔子，也就是推崇他所创立的思想学说。文庙书院中的读书人则在学习儒家经典的过程中，不断传承、创新发展儒家文化，使得儒家文化的内涵不断丰富。

促进中华民族的融合与统一。各地文庙书院的建立，对于推动中华民族的融合与统一功不可没。在封建国家政令的要求下，无论是中原内地还是边陲地区，都曾设有文庙。元朝在云南建立行省后，于元世祖至元十五年（公元1278年）在昆明建孔子庙。此后，大理、建水、通海、石屏等地纷纷建立文庙并使之制度化。到清末时，云南全省除极个别边远的地方外，差不多所有州县都有文庙。边远地区文庙的建立，大大改善了当地教育落后的状况。随着国家的统一，书院也逐步向边疆地区扩展，与文庙共同推动儒家文化在各地区的传播。中华56个民族共奉孔子为"先圣先师"，在两千多年的历史长河中，它缓和了民族矛盾，促进了各民族的不断统一。儒家文化规范了中华民族各阶层的道德规范和行为准则，并成为一种理念，是促进中华各民族加强团结携手并进的精神纽带。

艺术价值。文庙书院是东方建筑风格的具体体现，充分显示了我国古代劳动人民的高度智慧和创造才能，在中国古代建筑史上占有重要地位。文庙书院的建筑遵从了我国传统建筑群中贯轴线、左右对称的原则，布局严谨。文庙里的雕刻是中国石雕艺术的上品，尤其是大成殿的石柱雕龙，更是石雕艺术的佳作。还有文庙书院中的许多碑刻和匾额，具有较高的艺术价值。从碑刻和匾额的书法艺术看，各种字体兼备，风格不同，各具特色，也同样是难得的珍品。同时在祭祀孔子的历史过程中，还形成了独具一格的乐舞艺术。另外，文庙书院具有较高的史学价值。在各地文庙书院

文明传承

的发展史上，留下了丰富的遗存和资料，通过对有关历史的研究，可以了解文庙书院建筑、讲学、藏书、祭祀等活动，透视中国封建时代政治经济文化发展的状况，对儒家乃至中国古代思想文化的演变进行深入的探讨。

文庙书院合一

"圣人在上，贤人在旁，恍见当年执辔时，车马风尘，早已化成南国；传道得徒，行道得舆，试观此日问津处，文章礼乐，居然教衍东山。"

位于武汉市新洲区的问津书院，又称新洲孔庙，为明清时期文庙与书院合一的建筑。文庙与书院的文化特征与精神传统皆源于儒家文化，且历经千年而不衰，显示着蓬勃旺盛的生命力。同样作为重要的文化教育机构，虽分属官学与私学体系，两者却又相互渗透，相互影响，不断传承中华文明。问津书院将两者相结合，其文化内涵则更为厚实。

书院始建于西汉年间，距今已有2000多年的历史。问津书院是孕育元、明、清三朝鄂东文人的摇篮，被称为

「问津书院」

"中国最古老的大学"。在历史上曾与岳麓书院、东林书院、白鹿洞书院等齐名，自宋至清，书院共产生进士387名，因其在我国教育史、文化学术史上的重大影响而被载入《中国历代书院志》。问津书院前有清溪盘纡，后有碧嶂环抱；左方是纵横的高山，右边是村田相间的原野。远观鳞次栉比，气势恢宏；近视门庭壮阔，富丽堂皇。建筑布局为轴对称式，中轴线上的主体建筑分列上、中、下三幢，自前而后，依次为仪门、讲堂、正殿；左右两旁为东、西二庑；二庑之外，另建亭、斋、楼、阁数栋，整个建筑墙院护围，占地面积数十亩。门匾由清末民初著名书法家、曾任孙中山总

统府秘书张翼轸题写。问津书院为湖北省文物保护单位。

　　汉文帝十六年至汉武帝元狩元年（公元前164—前122年），孔子山附近曾掘出一块石碑，上刻"孔子使子路问津处"8个秦隶大字。为记此事，汉代淮南王刘安命在发掘地建一亭，将石碑立于亭内，同时在孔子山修建孔子庙，是为孔庙的前身。据历代旧志记载，东晋成帝咸康二年至四年（公元336—338年），时任豫州刺史的毛宝曾在此地拜谒过孔子庙，并对孔子庙给予了修缮；唐武宗会昌二年至四年（公元842—844年），时任黄州刺史的杜牧对此地的孔子庙进一步予以扩大改建，并改庙名为"文宣庙"；南宋末年，江西庐陵大儒龙仁夫在此首创书院；明万历四十三年（公元1615年），改建、扩充为问津书院。此后几经修葺扩建，规模日渐扩大。1913年把讲堂改成为罗马式风格两层建筑，后毁于"文化大革命"中。孔庙和问津书院历尽沧桑，现仍存大成殿、孔子问津碑和康熙御匾、碑廊等。

　　问津书院自西汉淮南王刘安始建，后历代兴废，唐之杜牧，宋之朱熹，元之龙仁夫，明之王阳明、耿定向、邹元标、顾宪成、高攀龙，清之于成龙、曹本荣、杨守敬、张之洞等诸大儒均莅临书院讲学布道。问津书院人才辈出，清初湖广提学使蒋永修在"问津书院碑序"中曾写到"惟楚有材，雄长天下，独黄为之冠……"清乾隆大儒陈诗云："惟楚有材，黄郡实当其半。"明清两朝，楚黄在全国一逞"楚风之雄"。

主要参考文献

[1] 范小平. 中国孔庙. 成都：四川文艺出版社, 2004.

[2] 李轶夫. 韩城文庙建筑研究. 西安：西安建筑科技大学, 2004, 6.

[3] 谢苏，邓爱民. 理学宗门长江流域的书院. 武汉：武汉出版社, 2006.

[4] 中国孔庙发展史纲. 南方文物, 2002, 4.

[5] 卢山. 书院建筑的文化意向浅谈. 南方建筑, 2001, 2.

[6] 张劲松. 论科举与古代书院的起源——以唐代江西家族书院为例. 大学教育科学, 2006, 1.

[7] 邓洪波. 五代十国时期书院述略. 湖南大学学报（社会科学版）, 2002, 3.

[8] 李存山. 范仲淹与宋代新儒学. 湖南大学学报（社会科学版）, 2008, 1.

[9] 蔡方鹿. 二程在中国文化史上的地位. 孔子研究, 1995, 1.

[10] 彭蓉. 中国孔庙研究初探. 北京：北京林业大学, 2008, 11.

[11] 范小平. 中国孔庙. 成都：四川文艺出版社, 2004.

[12] 曲英杰. 历代京都及地方孔庙考述. 孔子研究, 1996, 3.

[13] 刘二燕. 陕西明、清文庙建筑研究. 西安：西安建筑科技大学, 2009, 5.

[14] 赵国权. 论南宋时期书院的制度化构建. 江西教育学院学报（社会科学版）, 2009, 8.

[15] 邓洪波. 简论南宋书院的六大事业. 大学教育科学, 2005, 1.

[16] 詹建志. 白鹿洞书院：中国书院文化的典范. 九江学院学报, 2007, 4.

[17] 潘富恩. 论杨时的后继者"东南三贤"理学思想之异同. 商丘师范学院学报, 2009, 2.

[18] 万书元. 朱熹与南宋书院的兴盛. 南京理工大学学报（社会科学版）, 2013, 4.

[19] 陈谷嘉，邓洪波. 中国书院史资料. 杭州：浙江教育出版社, 1998.

[20] 白新良. 中国古代书院发展史. 天津：天津大学出版社, 1995.

[21] 季啸风. 中国书院辞典. 杭州：浙江教育出版社, 1996.

[22] 邓洪波. 中国书院学规. 长沙：湖南大学出版社, 2000.

[23] 朱汉民. 长江流域书院与长江文化. 湖南大学学报（社会科学版）, 2005, 5.

[24] 金敏，周祖文. 长江流域的古代书院. 杭州：浙江大学出版社, 2005.

[25] 王炳照. 中国古代书院. 北京：商务印刷馆，1998.

[26] 樊克政. 中国史话：书院史话. 北京：社会科学文献出版社，2012.

[27] 曹华清，别必亮. 中国书院的故事. 济南：山东画报出版社，2011.

[28] 胡青. 书院的社会功能及其文化特色. 武汉：湖北教育出版社，1996.

[29] 丁钢，刘琪. 书院与中国文化. 上海：上海教育出版社，1992.

[30] 朱汉民. 中国书院文化简史. 北京：中华书局，2010.

[31] 邓洪波. 中国书院史. 武汉：武汉大学出版社，2012.

[32] 朱汉民. 中国书院. 长沙：湖南教育出版社，1997.

[33] 陈元晖. 中国古代的书院制度. 上海：上海教育出版社，1981.

[34] 郭齐家. 中国古代的学校和书院. 北京：北京科学技术出版社，1995.

[35] 杨慎初. 中国书院文化与建筑. 武汉：湖北教育出版社，2001.

[36] 杨布生，彭定国. 中国书院与传统文化. 长沙：湖南教育出版社，2006.

[37] 潘富恩. 论吕祖谦"兼容并蓄"的学术思想. 中国哲学史，1992，1.

[38] 唐云. 韩江南宋遗民书院研究. 长沙：湖南大学，2010，9.

[39] 朱汉民，唐云. 元初江南宋遗民书院及其文化特色. 大学教育科学，2014，5.

[40] 邓洪波. 明代书院讲会组织形式的新特色. 江西教育学院学报（社会科学版），2009，2.

[41] 金奋飞. 进退的两难选择——明末东林书院. 上海：复旦大学，2003，5.

[42] 马晓春. 王阳明在中国书院史上的地位. 江西教育学院学报（社会科学版），2010，8.

[43] 周景春，朱兴涛. 中国书院教育的理念及其现代启示. 现代教育科学，2009，2.

[44] 孟丽菊. 中国古代书院的治学精神及其现实意义. 辽宁师范大学学报，1999，5.

[45] 李才栋. 从早期江南三书院看书院教育、科举制度的互动关系. 江西教育学院学报（社会科学版），2004，2.

后 记

　　文庙书院作为以儒家文化为主体的中国传统文化的象征，曾广泛分布于祖国的大江南北，从修建开始就经历着天灾或人祸，时至今日依然生生不息，它们之所以具有如此顽强的生命力，是因为其自身具有强大的精神内核，一直作为尊孔崇儒的载体而出现。

　　纵观文庙书院发展史，文庙由最初只是单纯用以祭祀孔子的纪念性建筑，开始向"庙学合一"的制度转变，学校教育的功能开始占据着重要地位。书院在诞生之初与修书、藏书紧密联系在一起，逐步发展而形成讲学、藏书、祭祀、学田四大基本规制，并扩展为六大事业。

　　文庙书院在自身发展过程中，也不断有许多鸿儒名贤加入其建设，并在此讲学研讨，由此，使得文庙书院所包含的内涵也不断扩大，凝聚着历朝历代统治者以及文人墨客对于孔子思想及儒家学说的认同、推崇和褒扬，同时又物化地体现了各个历史时期社会政治、经济和文化发展状况，因而成为一种物质财富和精神财富的复合载体，体现了一种源远流长的人文传统。

　　长江文化作为中华文明最具代表性和影响力的主体文化之一。长江流域以其特殊的自然环境和人文优势，哺育着中华儿女，创造了灿烂文明。本书以长江流域为载体，按朝代顺序撰写文庙书院发展历程，在此期间，我们花了很多精力去查阅和熟悉相关文献资料，与此同时，还通过走访相关部门和实地考察了武汉市周边的文庙书院，对湖北的文庙书院的历史沿革和遗存现状有了比较充分的了解，收集大量的一手资料，终于完成此书。

　　当然，长江流域的文庙书院文化源远流长，并非一本书所能涵盖，由于编者水平有限，错误和不当之处在所难免，诚挚欢迎专家和广大读者们批评指正。

　　本书由中南财经政法大学博士生导师邓爱民教授及青年学者桂橙林同志合作编著，其中邓爱民编著15万字，桂橙林编著5万字，图片由桂橙林提供。此外，本书也参阅了相关理论研究成果，也得到很多老师和朋友们的帮助，还要感谢一直致力于文庙书院研究和保护工作的专家学者们，是你们让世人看到这一文化遗产的留存，并为彰显其价值而默默奉献。

邓爱民

2018 年 8 月于南湖畔

图书在版编目（CIP）数据

文庙书院 / 邓爱民，桂橙林编著 . —武汉：长江出版社，2019.6（2023.1 重印）
（长江文明之旅丛书 . 建筑神韵篇）
ISBN 978-7-5492-6505-3

Ⅰ . ①文… Ⅱ . ①邓…②桂… Ⅲ . ①长江流域—书院—史料—古代 Ⅳ . ① G649.299.5

中国版本图书馆 CIP 数据核字（2019）第 105258 号

项目统筹：张　树
责任编辑：郭利娜　王　珺
封面设计：刘斯佳

文庙书院

刘玉堂　王玉德　总主编　邓爱民　桂橙林　编著
出版发行：上海科学技术文献出版社
地　　址：上海市长乐路 746 号　200040
出版发行：长江出版社
地　　址：武汉市解放大道 1863 号　430010
经　　销：各地新华书店
印　　刷：中印南方印刷有限公司
规　　格：710mm×1000mm　1/16
印　　张：10.5
字　　数：143 千字
版　　次：2019 年 6 月第 1 版　2023 年 1 月第 2 次印刷
书　　号：ISBN 978-7-5492-6505-3
定　　价：39.80 元

（版权所有　翻版必究　印装有误　负责调换）